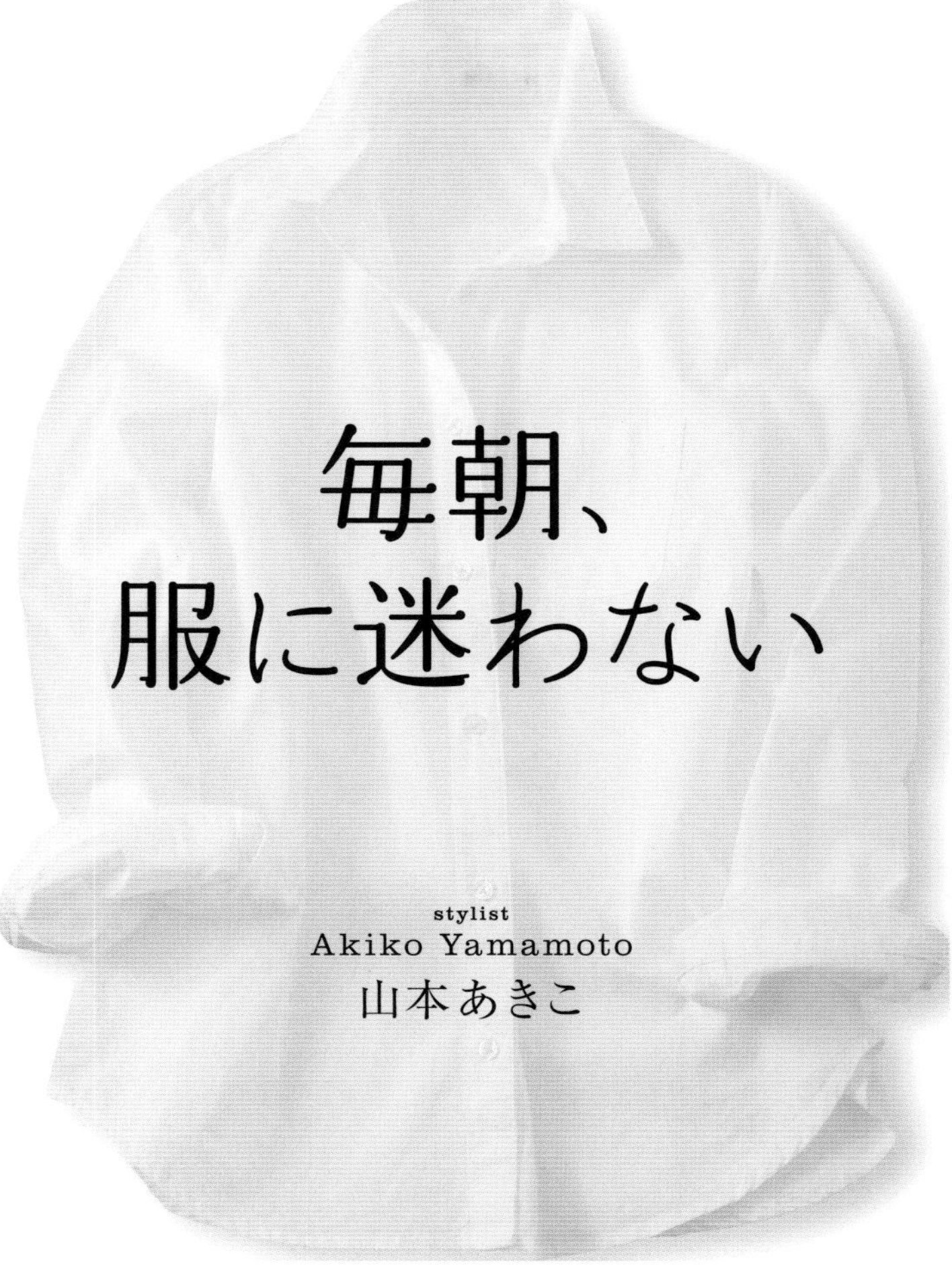

毎朝、服に迷わない

stylist
Akiko Yamamoto
山本あきこ

ダイヤモンド社

はじめに

こんにちは。スタイリストの山本あきこと申します。
私は普段、雑誌などでプロのモデルのスタイリングをしながら、一般のお客さま向けに、ショッピングに同行して服をアドバイスするパーソナルスタイリングや、スタイリング講座なども行っています。今まで組んだコーディネートは15万を超えます。

お客さまにスタイリングをしていく中で、私がよく思うのが、「自分の持っているアイテムが、すべての土台」だということです。**センスのいいコーディネートにとっていちばん必要なのは、本当は「センス」ではなく、まずアイテムです。**

アイテム選びで大事なポイントは、シンプルでプレーンなものを選ぶということ。つまり「普通の服」です。考えてみれば当たり前ですが、「普通の服」同士だとコーディネートでケンカすることもありません。どれを持ってきても、合わせやすいのです。

でも、よく聞くのが「普通ってそもそもどんなアイテム?」「普通の服同士を組み合わせると、普通の地味なコーディネートになるのでは」「普通の服が意外と売っていない」

という声。確かに、よくわかります。

だからこの本では、持っておけばいい「普通の服」を厳選して紹介しました。そして、この「普通の服」を使って、どのようなコーディネートをすればいいのかも一緒に紹介しています。

実は、持てばいい「普通の服」は少ないのです。この本で紹介している持つべき服は、たったの21アイテム。その上、きっと「私、このシャツは持っている」「ボーダーならある」というものも多いはず。しかも、高価なものは必要ありません。普通のものであるからこそ、むしろユニクロやGUなどの手が届きやすいブランドで買えます。これが、一生使えるのです。1年などで着られなくなるものはありません。

また、この本の中で使ったアイテムの総数はたったの32着、これで90パターンのコーディネートをつくりました。もっとしようとすれば、ここに載せている以上のコーデも組めるでしょう。シンプルな服であれば、たったこれだけで、無限にバリエーションができるのです。

もし自分でコーディネートできないなと思っても、ぜひこの本で紹介している写真のコーディネートのまま、街に出てみてください。着ているうちに自然と身についてきますよ。

「センスがいい」と思われるコーディネートは、普通の服から生まれます。普通の服さえあれば、驚くほどコーディネートの品がよくなり、しかも服を着るときに迷わなくなります。一生もののこのセンス、ぜひ身につけてください！

目次

はじめに　002

Chapter #01 持つアイテムは、たったの21

「普通の服」はコーディネートの土台　016
まず持っておくべきなのは「白シャツ」　020
白シャツは「カジュアル」か、「色もの」をミックスして着る　022
白シャツは「カジュアルな印象」だととんでもなくおしゃれに見える　024
知的もかわいいも思いのままなのがストライプシャツ　026
ストライプシャツの基本は、「重ね着」をすること　028
ストライプシャツは、差し色にもはおりにもなる　030
季節の変わり目には、「季節の素材」を少しだけ　032

麻シャツは大人のリラックス感を出す 034
大人の女性は「深いアキ」のTシャツだけを持つ 036
白Tは、合わせるボトムで「化ける」 038
困ったときの「中間色」グレー 040
とろみブラウスは女子だけの特権 042
華やか担当なのがとろみブラウス 044
とろみひとつで、気取っていない大人の雰囲気 046
[コラム1]「捨てるべき洋服」はこれ 049
[コラム2]シワには気をつける 051
ベージュのVニットのモテぶりは、着た人にしかわからない 052
ベージュのニットのポイントは、裾をインにするかアウトにするかだけ 054
クルーネックのニットが生むのは育ちの良さ 058
クルーネックニットの脇にスリットが入っていたらラッキー！ 060
赤のベストは実は使いやすいアイテム 064
1枚で3回おいしい赤のベスト 066

ボーダーの勝負は「買うとき」 068
ボーダーは、小物に白か黒を入れるとなぜだかおしゃれに見える 070
ボーダーは黒い幅が多いほどかっこよくなる 072
はおりは、この4着さえあればいい 074
［ブランドコラム］ ユニクロが得意なのは「ボトム」 079
［ブランドコラム］ ZARAはとにかく華やかなものが得意！ とろみトップスと、バッグと靴を狙う 081
テーパードパンツはそれだけで細く見える 082
大人の余裕を生む、「とろ×とろコーデ」 084
靴を主役にしたいときはテーパード 086
デニムは、ゆるっとした形のもの 088
ボトムが白なだけであか抜ける 090
ワイドパンツは脚が長く見える 092
肩の力が抜けた組み合わせは、ワイドパンツでできる 094
ワイドパンツは、はくと手を抜いているように見えない 096
柄を取り入れるなら「Aラインスカート」 098

鮮やかな色でも、Aラインスカートならば上品 100
カラフル柄のスカートは、たくさん色があればあるほどいい 102
困ったときの中間色 104
ペンシルスカートはまず買う 106
「即いい女」、ペンシルスカートの王道コーデ 108
ペンシルスカートをカジュアルに着崩すとモデル級になる 110
ピンチを救う黒ワンピース 112
無限の可能性を持つのが黒ワンピ 114
黒はビビッドな色とあわせると知的に見える 116
シャツワンピは、そのまま着ない 118
デニムonデニムのコツはなし！「まず着てみる」だけ 120
シャツワンピは、ボタンを3つ留める 122
［ブランドコラム］旅行前はGapに行く 125
［ブランドコラム］百貨店級の「きちんとした」服が安定してそろう日本ブランド 127

白のトートは、コーデを軽くするための「抜け感」担当 128
白のトートバッグは雑に扱うこと 130
一番使えるクラッチは「キャメルのスウェード」と「黒のレザー」 132
黒のクラッチは、クール担当 134
パステルカラーのバッグは持つだけであか抜ける 136
カラーバッグは「服屋」で買おう 138
チェーンバッグはネックレスだと思う 140
チェーンバッグのチェーン部分はゴールドにする 142
「毎日バッグ」はスモーキー色だと華やかでどんな服にも合う 144
毎日使うバッグは、スモーキーカラーで角が丸いもの 146
最強の中間色、グレージュのパンプス 148
スニーカーはコンバースの白とナイキの黒で完璧 150
インソールで脚の長さ自由自在！ 152
サンダルは黒、赤、ぺたんこの3足 154
おじ靴は、くるぶし丈のソックスをはく 156

アクセ3点セットをつくっておくと安心　158
結婚指輪は、シンプルなゴールドを　160
大きなピアスは高価なネックレスよりも価値がある　162
スカーフで大事なのは「縁の色」　164
ストールは巻いたあとに下に引っ張ってアキをつくる　166
ハットが似合わない人は見たことありません　168
メガネの印象は、その人の顔の印象　170
夏はカップつきベアトップがいちばん　172
［コラム3］　パンプスにはく靴下はレース禁止　175
［ブランドコラム］　おじ靴はルタロン、パンプスはリゾイ、流行ものはオリエンタルトラフィック　177
［ブランドコラム］　アクセサリーはトレンド&安いがいちばん　179

Chapter #02

このテクニックさえ知っていれば、毎朝困らない

コーデでいちばん最初に考えるべきは「女性ウケ」がいいこと 184
服は「共存」している 186
コーデの主役は日によって変える 188
しっくりしないコーディネートの原因はたいてい靴 189
トレンドと上手につきあう 190
リボン、フリル。フェミニンアイテムは小物で取り入れる 192
ミルクティコーデを召し上がれ 194
同色コーデはいきなり「センスのいい人」に格上げされる 196
白の同色コーデの小物は黒 198
曖昧グレーは謎の色気が出る 199
夏を盛り上げるトリコロールカラー 200

「小物に黒散りばめ」大作戦　202
合わせにくい色というのは、実はない　204
ニュアンスカラーのゆらぎは色っぽさにつながる　206
大人でも浮かないかわいさは、「キキララ」コーデをマスター　208
きちんとした服に問われるのがコーデ力。形は真面目、色で遊ぶ　211
［ブランドコラム］一軒で変身するならGU　215
［ブランドコラム］フォーエバー21は、スポーツウェアと下着に掘り出し物　217
海も山も、イベントにはメタリックなものを入れる　218
パーティはワンピースを着ないと決めるだけ　220
真夏の暑すぎる日におしゃれに見せるワザ　224
雨の日にとても使えるおじ靴　226
旅行の服は、楽しい想像をすればするほどいい　228
旅行には、服は少なく、小物を多く　230
サンダルひとつで、旅行中気後れしない　232
［ブランドコラム］タンクトップはプラステがおすすめ　235

Only 21  items.

Chapter

#01

持つアイテムは、たったの21

「普通の服」はコーディネートの土台

センスがいいコーディネートの土台は、普通のアイテムだと言いました。前作の、『いつもの服をそのまま着ているだけなのに、なぜだかおしゃれに見える』でも書いたのですが、誰もが持っているような普通のアイテムなのに、その組み合わせでおしゃれに見せることができると、人はセンスがいいと感じます。おかげさまで前作には大反響をいただきましたが、質問でよくあったのが
「普通の服を選ぶときのポイントって何？」
「どのブランドがいいの？」

「普通のアイテムって、何をどのくらい買えばいいのかわからない」
「サイズ感がわからない」
といったものでした。つまり、「普通のアイテムがほしいんだけど、具体的に何を買えばいいかを知りたい」というものです。

お客さまのショッピングに同行すると、私はよく「選ぶのが速いですね」と言われます。それは、買うべき基本のアイテムは決まっているから。先にお客さまのクローゼットを見て「このアイテムがないな」とチェックし、なかったものを買うので早いのです。**おしゃれなコーディネートに欠かせない服は、そんなに量は多くありません。でも、ないと困ります。**まさにコーディネートの土台です。

だから、この本では、その土台となるのに必要なアイテムをご紹介します。

よく私がお客さまのワードローブを見て言うのが「あのう、普通の服ってないですか……？」というセリフ。そのくらい、どこかにデザインが入っていたり、個性が強いものが多いです。でも、これは買う人ばかりが悪いのではなく、実は普通の服って、そんなに売っていないからということもあります。そういう目でアパレルショップを見ると「確かに、シンプルな服って探さないとないな」とよく思います。

だから、私は「見かけたら買うようにする」ことをみなさんに推奨しています。そうはいっても「普通の服」は、手に入れるのがものすごく困難なわけではありません。それでも意識していないと意外に見過ごします。

また、「今年はこれが流行っている」というアイテムももちろんあるので、この本でも少し紹介しました。でも、流行のものはたくさん買わなくても大丈夫。流行の取り入れ方があるので、それを知っていれば「クローゼットに服はあるのに、でも着られるものがない！」なんてことは起こりません。

私がみなさんのショッピングに同行できればいいのですが、そうもいかないので、その代わりにこの本で「そろえるべきアイテム」そしてその「コーディネートの仕方」を紹介します。「普通の服でコーディネートをしたら地味になってしまうのでは？」という心配もあると思うからです。でも、いくつか簡単なルールを押さえておけばそんなことはありません。第2章を中心に、知っておくべきコーディネートのテクニックも丁寧に説明していますので、安心して本を読み進めてください。

見ていただければわかると思いますが、ひとつのアイテムから「きれいめ」「カジュアル」「品のよい色気」「大人のかわいさ」など、さまざまなコーデがつくれます。基本のアイテムさえあれば、コーデは自由自在。それこそ、普段着ているカジュアルな服が、パーティにも無理なく着ていけるようにもなります。

「普通の服」は、おそらくみなさんの想像以上に使えます。ぜひ、この本に紹介しているものをとりあえず着てみてください。「普通の服」を手に入れることの重要性を感じていただけると思います。

ひとつだけ大事にしてほしいことは、どのアイテムも、買い物をするときに必ず試着すること。そして「ジャストサイズ」のものを選びましょう。

試着室から出て、全身を鏡に映してバランスを見てください。もし、ひとりでショッピングするのであれば、必ず店員さんにサイズ感を確認してもらいましょう。基本アイテムで重要なのは「ジャストサイズ」。その見きわめ方は、この本に詳しく書いてあります。

さあ、それではさっそくあなたのセンスの土台になる、基本アイテムを知りましょう！

まず持っておくべきなのは「白シャツ」

Item : 001
White Shirt

shirt : GU

まずいちばんに持っておきたいアイテムは、プレーンな白シャツです。白シャツは、上品で知的な雰囲気を出してくれるので、持っておくと便利。困ったときにこれを着るようにすれば、センスのいい大人の仲間入りです。

選ぶのは、とことんシンプルでシャツ自体に主張がないもの。レースつきやオーバーサイズのものは絶対に選ばないようにしましょう。**アイテムそのものに何のイメージもない「印象ゼロ」だからこそ、きれいめにもカジュアルにも使え、着回しがきくのです。**

素材はハリのあるコットンがおすすめ。襟は大きすぎず、小さすぎずの4.5~5センチ幅くらい。サイズは肩幅を見て、ジャストサイズを選びましょう。服を着たときに肩の切り替えのラインがまっすぐ伸びていたら、ジャストサイズという目安です。裾はボトムにインできて、外に出しても長くなりすぎない丈を選んでください。

そしてこの白シャツは、「着崩す」とかわいく着られます。着崩すまでやって、はじめて完了です。襟は立て、袖はロールアップし、ボタンは第2ボタンまであけるのが基本。そのままでは生真面目に見えてしまう白シャツが、この着崩しで一気に着こなせます。

白シャツは「カジュアル」か、「色もの」をミックスして着る

jacket : SPLENDINA（UNIVERSAL LANGUAGE）
shirt : GU
skirt : Littlechic（THE SUIT COMPANY）
scarf : Mystrada
pierce : JUICY ROCK
bangle : LOCATION
bag : Three Four Time
pumps : CORSO ROMA9（Essay）

shirt : GU
cutsew : ZARA（own item）
pants : Mystrada
glasses : LOZZa
pierce : LOCATION
bangle : JUICY ROCK
bag : 3.1Phillip Lim（own item）
pumps : REZOY

白シャツは、それ自体が「きちんと感」を持っています。ですから、全身をきれいめでまとめてしまうと、ただのつまらないお堅い服になってしまいます。**必ず、どこかに「カジュアル」か「色」の要素をプラスするのが、センスよく見せるコツです。**

例えば、写真右のコーデは、肩からボーダーのカットソーをかけて、カジュアルをミックスしています。もちろん、シャツは第2ボタンまであけて手首をロールアップ。これだけでぐっと海外セレブのような雰囲気になります。また、白シャツのテクニックとは関係がないのですが、**薄い色同士の組み合わせは、小物を濃い色にすると引き締まります。**サングラスやバッグ、パンプスなどに黒などの色を選びましょう。

左のジャケット×スカートのスタイルは、きれいめの定番です。**ここでは鮮やかな色のスカートを合わせるのがポイント。**ビジネスなど、行く場所によってはカジュアルなアイテムを足せない日があると思いますが、そういうときは色で抜けを出すと堅すぎになりません。白×ブルーだけだときつい印象になるので、右のコーデとは対照的に、小物を曖昧《あいまい》な色にしてやわらかさを出します。また、スカーフや大きめのピアスを合わせると、「人とはちょっと違う」センスの良さがにじみ出ます。ビジネススタイルはワンパターンになりやすいので、「ちょっとの差」を大事にして！

白シャツは「カジュアルな印象」だととんでもなくおしゃれに見える

Item : 001
White Shirt

shirt : GU
inner : 無印良品（own item）
pants : UNIQLO
belt : GU
glasses : LOZZa
necklace : earth music&ecology Natural Label
bag : Casselini
sandals : MOUSSY（own item）

hoodie : GU
shirt : GU
skirt : Mystrada
bag : own item
pierce : JUICY ROCK
bangle : JUICY ROCK
sneakers : CONVERSE（own item）

この右ページのコーデは2つとも、白シャツをカジュアルに着ています。**シャツをおすすめする一番の理由は、ラフに着こなせれば、おしゃれ感が倍増するからです。**

例えば、グレーのパーカーだと、下はTシャツを合わせるのが定番ですが、それをあえて白シャツに替えると、きれいめになります。パーカーやコンバースのスニーカーといった休日のリラックススタイルに、わざと白シャツを入れていきましょう。白シャツは、色もないし、形もプレーンなので何にでも合います。とりあえず入れてみるくらいの気持ちでOKです。

左側の白シャツ×デニムのコーディネートは、とても簡単。シャツにカジュアルアイテムのジーンズを合わせるだけです。

このコーデのように、**シャツをカシュクール風に着れば、リラックス感がありつつも、胸元が開きますので、さらっとヘルシーな色気になります。**普通のシャツをカシュクール風に着るときは、まず裾を交差させて、それぞれの反対側のデニムにインします。その後ちょっとたるませてブラウジングし、最後に留まりそうな下のほうのボタンを留めましょう。わざわざカシュクール用のシャツを買う必要はありません。さらに、ヒールの高いビビッドなサンダルを合わせたら完璧です。

知的もかわいいも思いのままなのがストライプシャツ

Item : 002

Vertical striped shirt

shirt : 無印良品（own item）

白シャツと並んで活躍するのが、ストライプのシャツ。その中でもおすすめなのは、ブルーかネイビーです。大人の女性の落ち着いた雰囲気が出ます。上品で清潔感のあるアイテムなので、基本的な使い方は白シャツと同じ。**カジュアルなアイテムと合わせて使うのがおすすめです。**

しかしこのアイテムが白シャツと違うのは、色がついているので、ちらっと襟元からのぞかせたり、腰に巻いたりしたときにも、差し色になってくれるところ。白シャツよりも爽やかな印象をつけたいとき、もっとこなれて見せたいときに大活躍します。次ページでコーディネートを紹介しますが、はおりにしたり差し色になったりと、頼りがいのあるアイテムです。

これから買う人がいるならば、ストライプの幅に注意してください。太すぎるとカジュアルに見えるので、写真くらいの細めのストライプだとベストです。サイズは、やはり試着してジャストサイズを選びましょう。白シャツと同じく、着たときに肩の縫い目がまっすぐになるものにし、インにもアウトにもできる長さを選びます。**裾は写真のように丸いカットがおすすめです。**裾を出して着たときにきれいに見えます。

ストライプシャツの基本は、「重ね着」をすること

Item : 002
Vertical striped shirt

shirt : 無印良品（own item）
inner : PLST（own item）
skirt : Mystrada
necklace : JUICY ROCK
bangle : JUICY ROCK
bag : ZARA（own item）
pumps : Essay

knit : GU
shirt : 無印良品（own item）
pants : UNITED ARROWS（own item）
necklace : JUICY ROCK
bag : Three Four Time
pumps : REZOY

ストライプシャツはたくさんの着方ができます。

まず、いちばん簡単なのはシャツを単体で着ること。あるいは、ジャケットのインナーとして着ること。この2つでももちろん十分かわいく着られます。コツは、白シャツと同様で、カジュアルなアイテムか色味のあるものとミックスすることです。襟を立てて、手首をロールアップ、ボタンは必ず第2ボタンまであけることを忘れずに。

今言った2つの着方はみなさんもよくすると思いますが、ストライプシャツはそれ以外にも使い方がありますので、ご紹介します。

まず、インナーとして着る方法があります。ニットの下に着てみて、首から襟を出しましょう。**そのとき忘れずに、手首と裾からもシャツをちらっとのぞかせます。**こうすることによって、ブルーが散りばめられ、華やかさが出ます。ここがこなれ感の大きなポイント。右のコーデは、ピンクのニットと春色同士の組み合わせなので、かっこいいのに女性らしいコーデになります。きちんと感がいる場所でも堂々とできる格好です。

そして、白シャツと同じく、カシュクール風に着る方法もあります。**これはとくに夏に涼し気に見え、ボタンを閉めて普通に着たときよりリラックス感が出ます。**単に

ストライプシャツは、差し色にもはおりにもなる

Item : 002
Vertical striped shirt

shirt : 無印良品（ own item ）
dress : Gap
hat : Barairo no Boushi（ own item ）
necklace : Three Four Time
bracelet : own item
bag : Casselini
sandals : CARMEN SALAS（WASH）

shirt : 無印良品（ own item ）
t-shirt : AMERICAN HOLIC
pants : Gap
sunglasses : Mystrada
necklace : JUICY ROCK
pierce : JUICY ROCK
bangle : LOCATION
bag : Mystrada
shoes : CARMEN SALAS（WASH）

裾をクロスさせてスカートのウエストに入れるだけ。わざわざカシュクールタイプのシャツを買わなくていいですよ。前ページの2番目のコーデの「柄スカートと合わせる」のは難しそうに思えますが、柄スカートの中に、ストライプと同じ色が入っていればしっくりまとまって見えます。色づかいが多色なので、パンプスは黒で引き締めています。

また、右ページのように腰に巻くのはとくに真夏に役立つシャツの使い方です。右のコーデのような白の同色コーデはそれだけでおしゃれですが、**ここにウエストをシャツでマークすると、洗練度が増します。**その上、冷房が強いところではシャツをはおることもできるので、かわいさと実用性の両方を兼ね備えられます。もちろん、ダンガリーシャツと同じ感覚で、白だけでなくどんなコーデにも巻けますよ！　ダンガリーシャツより知的さが増します。

最後のコーデのように、シャツの前を全部あけると、カーディガンのようにも着られます。**襟がある分ぴりっとしているので、「ジャケットだと重いかな」という日におすすめです。**ラフなコーディネートに品の良さをプラスしてくれます。ここでも忘れずに、袖をたくしあげましょう。

季節の変わり目には、「季節の素材」を少しだけ

Item : 003

Linen shirt

shirt : Gap

食べ物に「旬」の素材があるように、洋服にも「旬」の素材があります。春ならシフォンやとろみ素材やリネン（麻）、夏はコットン、秋はスウェードやニット、冬はモヘアやファーなど。例えば私は、毎年「24時間テレビが終わったから、秋の素材を着なきゃ」と思います。もちろん、全身はそのときの気温に合った服を着るのがいちばんですが、**少しでもその季節の素材を身に着けると、その時期のおしゃれを楽しんでいるという、上級者の雰囲気が生まれます。**

だから春が来たら、リネンのシャツをワードローブに加えてみましょう。それだけで、春、夏と旬を楽しんでいる空気をまとえます。リネンは、ほどよいカジュアル感が出て、やわらかい印象になります。

使いやすい色は、ここで紹介するカーキ、そしてネイビー、白です。**とくにカーキという色は麻シャツ以外でも本当におすすめで、どんな色とも相性がいいです。**

選ぶときは、もちろん形が「普通」のものにしましょう。半袖ではなく、長袖にしてください。大人の半袖シャツは子どもっぽく見えてしまうので、危険です。インに着たり、1枚で着たりといろんなシーンで使うことを考えると、長袖がベストです。

麻シャツは大人のリラックス感を出す

Item : 003
Linen Shirt

shirt : Gap
pants : UNITED ARROWS（own item）
hat : hatattack（own item）
glasses : LOZZa
pierce : JUICY ROCK
bangle : JUICY ROCK
bag : Mystrada（own item）
pumps : REZOY

knit : GU
shirt : Gap
skirt : Mystrada
necklace : JUICY ROCK
bag : ZARA（own item）
pumps : Mystrada

春にセーター×スカートを着る場合、そのままだと単調になりがちですが、中にシャツを入れると、急にセンスアップして見えます。セーターでも、麻のシャツを入れると季節感が出るので春らしく見えます。**襟と袖は出すのを忘れず、色を散りばめて見せましょう。コーディネートに複雑さが出ます。**とくに出したシャツの袖は、軽くしゅっとたくしあげることを意識してください。Aラインスカートの場合、ウエストがもたつくので、裾はセーターの下から出しませんが、パンツの場合は、裾も出してしまって大丈夫。右のコーデは、スカートの中にあるカーキの色とシャツがリンクもしているので、バランスよく仕上がっています。柄スカートではなく、色を拾えない場合は、黒やグレーなどのスカートと合わせてももちろんOKです。

左のようにシャツを1枚で着るときは、さらっとリラックス感を出すことを意識してください。リネンのシャツはくたっとしているので、いかにクールさをミックスして着るかがポイント。**コーデがカジュアルなので、クラッチバッグやハット、先端がシルバーのパンプスの小物できれいめをミックスしています。**シルバーのアクセサリーは、ひんやりとした印象を出したいときにぴったりです。ゴールドを合わせると暖かみ、シルバーを合わせると涼しさが出るので、覚えておくと便利です。

Item : 004
T-shirt

大人の女性は「深いアキ」のTシャツだけを持つ

white t-shirt : AMERICAN HOLIC
gray t-shirt : Gap

NG
首がつまった素材や厚手のものは、体操着っぽいのでNG

さらりとTシャツを着ているだけなのに、なぜだか色っぽい。それは、Tシャツの形が理由です。**大人の女性が無地のTシャツを選ぶなら、断然深いアキのもの。**この形が、さりげない色気の正体です。

30代になると、首下の肉が落ちてきて、どんな人も鎖骨が骨ばってすらっときれいに見えてきます。この加齢の効果（？）を使わない手はありません。**胸元をさりげなく見せて、健康的なセクシーさをつくり出すためにアキがあるものを選びましょう。**NGで紹介したような、首がつまった素材や厚手タイプで少ししかアキのないものは、アスリートっぽくなってしまうので、避けてください。失敗しないためにも、必ず試着をしてから買いましょう。

色は白か薄めのグレーがおすすめです。袖はロールアップして着たりもしたいので、二の腕に余裕があるものを選んでください。とくにグレーは汗じみが目立ちやすいので、脇がぴたっとしていないものがいいでしょう。

余談ですが、Tシャツがシワシワになっている女性はだらしなく見えてしまいます。シャツだけではなく、Tシャツもアイロンをかける習慣をつけましょう。ハンガーにかけたままで、しゅっと蒸気でシワをのばせるお手軽なアイロンがあるので、51ページで紹介しています。

白Tは、合わせるボトムで「化ける」

Item : 004
T-shirt

hoodie : GU
t-shirt : AMERICAN HOLIC
pants : UNIQLO
glasses : Casselini
pierce : own item
bag : ZARA（own item）
shoes : CARMEN SALAS（WASH）

cardigan : LANDS' END
t-shirt : AMERICAN HOLIC
skirt : GOUT COMMUN
hat : SORBATTI（Jines）
necklace : LEPSIM（own item）
pierce : JUICY ROCK
bangle : JUICY ROCK
bag : BEAUTY&YOUTH UNITED ARROWS（own item）
sandals : Cry（own item）

Tシャツを着るときのポイントは「ボトム」。Tシャツにはカジュアルなイメージがありますが、合わせるボトムによってさまざまな印象で着られます。下にカジュアルなものを合わせればよりカジュアルに、かわいいものを合わせるとよりかわいく、ボトムの印象がそのまま全体の印象になるのです。

右のコーディネートはフェミニンなスカートを合わせたもの。「かわいい」雰囲気に仕上がっていますね。淡い色同士なので膨張して見えないように、腰にポイントカラーとしてカーデを巻いています。濃い色でウエストをマークすると、ウエストがきゅっと細く見えるのです。また、ハットやバッグのフリンジ、靴などに黒が入っているのも、**こうして小物で全体に黒を散りばめると、引き締まって見える効果があるからです。**

左のTシャツ×デニム×パーカーは、カジュアルな印象です。ただ、どカジュアルになってしまうと、地元着っぽさや手を抜いている感じが出てしまうので、こういうときは足元が重要です。必ずスニーカーではなく、つま先がとがったポインテッドトゥなど、きれいな靴を合わせましょう。とくに花柄のパンプスは、足元に華やかさを出してくれます。バッグは、その花柄の中の1色とリンクさせ、ビビッドなピンクにしています。こうして色をリンクさせるとコーデに統一感が出ます。

困ったときの「中間色」グレー

Item : 004
T-shirt

shirt : 無印良品（own item）
t-shirt : Gap
pants : UNITED ARROWS
（own item）
hat : hatattack（own item）
necklace : JUICY ROCK
pierce : own item
bag : ZARA（own item）
shoes : Le Talon（own item）

jacket : Gap
t-shirt : Gap
skirt : Littlechic
（THE SUIT COMPANY）
necklace : JUICY ROCK
bangle : Three Four Time
bag : ROSE BUD（own item）
pumps : Mystrada

右のコーデのように、トップスとボトムを同色でそろえる「同色コーデ」は、誰でもおしゃれに見えやすい組み合わせです。

中でも右側のような、ブルー（Gジャン）×ブルー（スカート）の同色コーデは爽やかで知的に見え、しかも簡単につくれます。

このときインナーにしがちなのは白ですが、ここをグレーにしてみましょう。**白だとはっきりしすぎになってしまうのですが、グレーだと中間色なので、同色コーデをつないで、そのイメージを壊しません。**

左側のコーディネートも、簡単にできる組み合わせです。黒パンツに、「何にでも合う中間色」グレーのTシャツを合わせれば、すでに万能コーデの土台はできました。あとはどんな小物でもOKで、味をつけていくだけ。Tシャツとパンツだけだと地味なコーデになるところに、安心してどんどん足していきましょう。腰にストライプのシャツを巻き、ハットをかぶれば重心が上に持ちあがります。ですから、ヒールを履かなくても、スタイルがよく見えるのです。バッグの派手なピンクを差し色に。これでクールになりすぎず、女性らしい雰囲気になります。

とろみブラウスは女子だけの特権

Item : 005
Loose tops

beige blouse : TITE IN THE STORE
floral print blouse : Three Four Time
black blouse : ZARA
white blouse : THE SUIT COMPANY
grege blouse : Blu e Grigio
geometric pattern blouse : ZARA

とろっと揺れるとろみ素材は、男性の服では使われない素材です。女性だからこそのやわらかさや優しさを表現できます。**とろみブラウスを制するものは、女らしさを制します**。使い方を知っておいて損はありません。

すべてのアイテムに対して、とにかくシンプルでプレーンな形のものを持ってくださいと言っている私ですが、このとろみブラウスに関しては別です。このアイテムは、自分の気持ちがあがる色や柄ものを選んで大丈夫。素材はシルクでもいいのですが、ポリエステルやレーヨンのほうが、家で気軽に洗濯ができてラクです。

ただ、半袖は汗じみが気になったりと、意外と使い勝手が悪いので、ノースリーブかフレンチスリーブ、もしくは腕まわりがゆったりした長袖を選ぶといいでしょう。

定番の無地の白、黒、ネイビー、ベージュ、グレーなどの使いやすさは言うまでもありませんが、大胆な柄や色も重宝します。

デニムに合わせれば、ちょっと上質な普段着になりますし、大きなアクセサリーを合わせてパーティにも着ていくことができます。

女らしさをあげるとろみブラウス、お気に入りを手に入れてください。

華やか担当なのがとろみブラウス

Item : 005
Loose tops

花柄はどんな色とも合わせられる

blouse : Three Four Time
skirt : Littlechic(THE SUIT COMPANY)
necklace : JUICY ROCK
bangle : LOCATION
bag : Passage mignon
pumps : Dhyana.
(own item)

大胆な「柄とろみ」はカジュアルコーデを大人にする

hoodie : GU
blouse : ZARA
pants : Gap
glasses : LOZZa
pierce : JUICY ROCK
bangle : JUICY ROCK
bag : 3.1Phillip Lim: (own item)
pumps : Essay

デニムもとろみと合わせれば急に「いい女」に

blouse : TITE IN THE STORE
pants : UNIQLO
necklace : Three Four Time
bangle : Jines
shoes : CARMEN SALAS (WASH)
wallet : Three Four Time

普通、花柄のトップスは少女っぽくガーリーになりやすいので避けたほうがいいのですが、とろみ素材であれば気にすることはありません。素材が大人っぽいので、柄は関係ないのです。

花柄は、中にいろんな色が入っているので、実はいろんな色とリンクさせて合わせやすいのがメリット。写真右上のコーデでは、ブルーのスカートと赤のパンプスを合わせていますが、これらに近い色が両方ともとろみブラウスの中に入っているので、ちぐはぐな印象になりません。

ベージュのとろみブラウスは、真ん中のコーディネートのようにカジュアルに着るとこなれ感が出ますし、２２０ページのように、パーティで使うと意外性があってすごくおしゃれです。裾をデニムにインしたあとに、少し引っ張ってたるませてブラウジングするとバランスよく見えます。

大胆な柄のとろみブラウスは、１枚持っていると重宝します。左上のコーデのように、パーカーや白デニムといったカジュアルアイテムに、上品アイテムであるとろみブラウス、バッグ、パンプスなどを合わせると、品のよい大人のカジュアルになります。もちろん、２１１ページのように、とことん女らしく着こなすこともできます。

とろみひとつで、気取っていない大人の雰囲気

ドレッシーになるのでパーティにも

blouse : ZARA
skirt : H&M (own item)
pierce : ANAP (own item)
black bangle : JUICY ROCK
bangle : LOCATION
bag : ROSE BUD (own item)
pumps : Another Edition (own item)

曖昧色のグレージュは、色気を見せたいときに

blouse : Blu e Grigio
skirt : Mystrada
sunglasses : Mystrada
pierce : JUICY ROCK
bangle : JUICY ROCK
bag : ZARA (own item)
sneaker : GU

Tシャツより女らしく見せるのが白とろみ

jacket : Gap
blouse : THE SUIT COMPANY
pants : Mystrada
hat : SORBATTI (Jines)
necklace : Three Four Time
bangle : Jines
bag : Casselini
sandals : ZARA (own item)

黒のとろみは、長袖だと重く見えてしまうので、それ以外の形がおすすめ。右下のように黒のペンシルスカートと合わせれば、パーティにも行けてしまうフォーマルなコーデになります。94ページのようなワイドパンツと合わせると、今年らしいスタイリッシュさが出るでしょう。

また、グレーのようなカーキのような、曖昧なニュアンスカラーのとろみブラウスは、とろみという曖昧な素材に、ニュアンスカラーという曖昧な色があいまって、何ともいえない女らしさになります。上品にまとめたので、足元はスニーカーにして、全身キメキメにしすぎないようにしています。

左下のコーディネートは、実際に着てみると、とても女性らしい雰囲気です。というのも、白のトップスがとろみだから。ここが綿素材のTシャツだと元気なイメージになりますが、とろみを合わせると、どこかレディな感じになります。きれいめのヒールの靴を合わせたので、逆に手元には大きなかごのバッグで、気取りのない大人のおしゃれを楽しんでください。

もうひとつ、洗っても取れない汚れがあったり、毛玉ができていたり、素材が傷んできたものは捨てましょう。傷んだ服を着ていると、生活感が出てしまいます。とくにアウターがボロボロだと、全体がみすぼらしく見えるものです。

それだけ傷んだということは、たくさん着たという証拠でもあります。あなたが使いやすい、似合う服だということですから、その服は手離して、同じような服をもう一度買うのもいいでしょう。

数年前の３万円のカシミアセーターよりは、新しい今年のユニクロのセーターを着ているほうが、よっぽどおしゃれに見えますよ！

Column 01,

「捨てるべき洋服」はこれ

お客さまのクローゼットを拝見するときに、必ずやってもらっていることがあります。それは、すべてのアイテムを一度出して、床に並べてもらうことです。

これは、前作でも書いた通り、同じような形の服をたくさん持っていないかという自分の「買いグセ」を知ってもらうためでもありますが、それと同時に、捨てるべき服がないかどうかをチェックするためでもあります。

捨ててもいい洋服は、次の２つです。

ひとつは、３年間着なかった服。これは、この先も着ない可能性が高いです。「いつか着るかも」と思って貴重な収納スペースを陣取っているのであれば、思い切って処分してしまいましょう。**ただし、デニムだけは別です。**デニムは「今はこの形がトレンドじゃないから……」と感じられるものでも、何年かおきに流行りが変わりますので、また復活して着られることがよくあります。デニム以外で３年以上着ていない服は、捨てていいものです。

どんなにおしゃれをしていても、服にシワがあると、それだけで安っぽく見えてしまいます。

とくに、とろみ素材などのてろっとしたトップスや、やわらかい素材のパンツなどは、シワがあると、どんなに素敵なコーディネートも台なしです。

意外と見落としがちですが、T シャツのシワも結構目立ちます。私がおすすめしている、くたっとした質感の無地の Tシャツはとくに、シワがあると残念な印象になります。

とはいえ、毎日服にアイロンをかけるのは大変ですよね。そこでおすすめしたいのが、スタイリストが必ず持っているハンディアイロン。このアイロンは、何着も何着もエンドレスで撮影する現場で、次々と素早く、簡単にアイロンをかけていくことができます。これのいいところは、ハンガーにかけたままで、シュッと蒸気をかけるだけ。忙しい朝でもストレスになりません。

写真はツインバードというメーカーのもの。数千円で手に入ります。見た目の印象に大きく関わるアイロンがけがラクになりますよ！

シワには気をつける

Column 02,

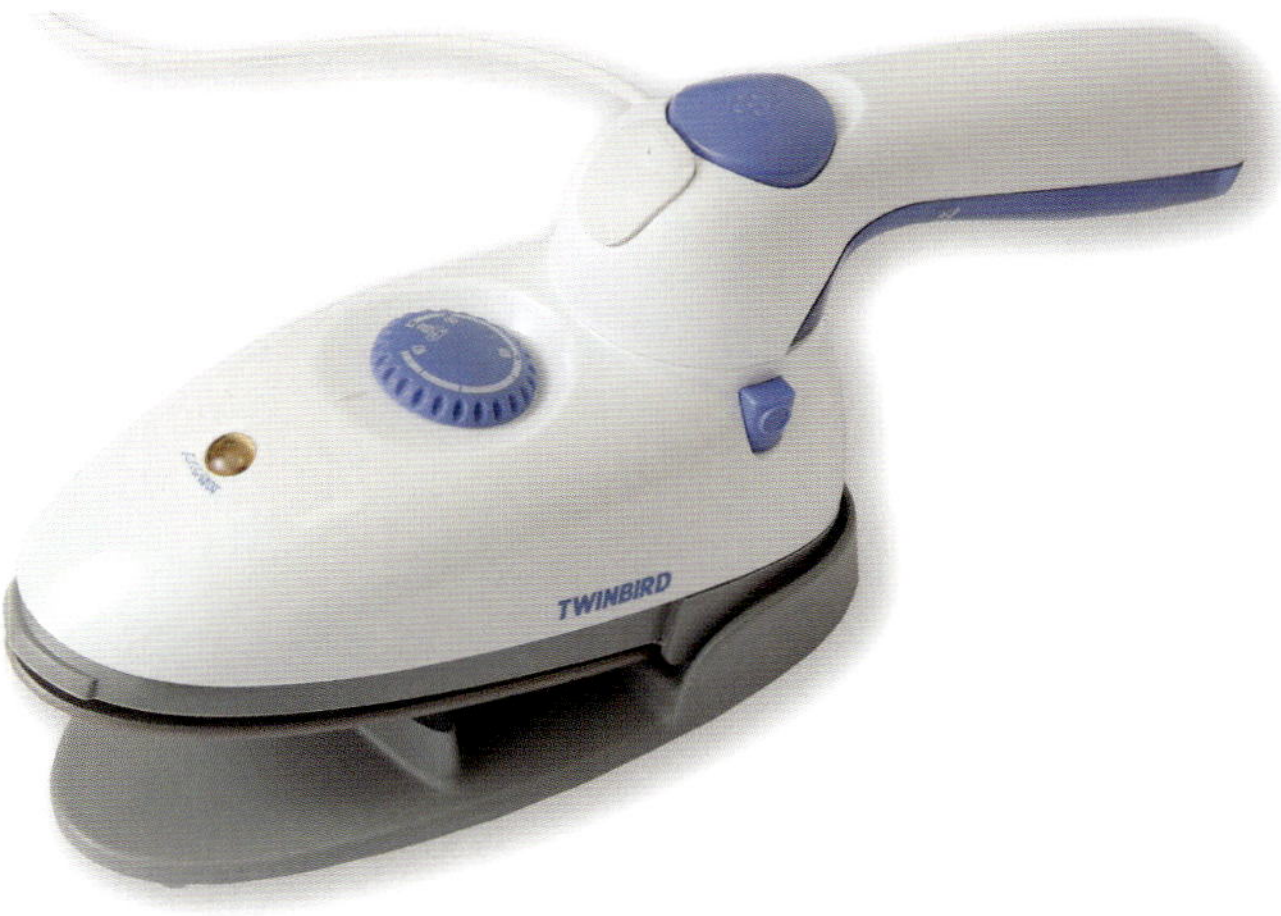

ベージュのVニットのモテぶりは、着た人にしかわからない

Item : 006

Beige knit

knit : Gap

ベージュのVニット、この威力はすごいです。何がすごいかというと、モテることにです。でも、お客さまにおすすめすると、「地味になりそう」「老けて見えそう」なと言われるアイテムでもあります。しかし、一度着てみてください。ベージュは肌の色と近いので、ヌーディな雰囲気が出て、セクシーに見えるのです。

ポイントは少し深めのVネックを選ぶこと。**それを1枚でゆるっと着れば鎖骨が見え、オープンカフェにいるパリジェンヌのようになります。**丈は骨盤までくらいのものにしましょう。あまり長すぎず、短すぎずがリラックス感が出ます。

「1枚で着る」と言いましたが、ベージュに関わらず、もし下にシャツを入れたい場合は、胸元のボタンを必ずVのカットに沿ってあけましょう。そうすると、Vネックの持つ色気が活かせます。シャツをあけたくないときは、58ページで紹介するクルーネック（丸首）にしましょう。

アクセサリーはプチネックレスが合います。ロングネックレスだと、胸元にVが2つできてしまい、形がかぶってしまって両方とも目立たなくなってしまいます。

ニットは冬のものと思われがちですが、薄いものやコットン素材であれば、真夏以外はずっと使えますよ。ぜひ1着手に入れてみてください。

ベージュのニットのポイントは、裾をインにするかアウトにするかだけ

Item : 006
Beige knit

jacket : Gap
knit : Gap
skirt : Mystrada
pierce : GU
necklace : JUICY ROCK
bag : Casselini
boots : ZARA

knit : Gap
skirt : H&M (own item)
sunglasses : Mystrada
scarf : own item
pierce : Three Four Time
bangle : JUICY ROCK
bag : Three Four Time
sandals : own item

knit : Gap
pants : UNIQLO
scarf : GU
scarfring : JUICY ROCK
pierce : LOCATION
bangle : JUICY ROCK
bag : 3.1Phillip Lim
(own item)
pumps : Dhyana. (own item)

hoodie : GU
knit : Gap
pants : UNITED ARROWS (own item)
glasses : VIKTOR & ROLF
(own item)
scarf : Mystrada
pierce : JUICY ROCK
sneakers : CONVERSE (own item)
wallet : Three Four Time

ベージュのニットを着るのに難しいルールは必要ありません。白シャツと同様に1枚で着るか、上から何かをはおったりして着ましょう。

少しだけ工夫するとしたら、裾の出し方。**ボトムにインするのか、しないのか、インするとしても前だけインにして後ろを残しておくのか、その違いだけです。**

54ページの最初のコーデは「リラックス感」を意識しています。**すべてのスカートは「イン」することをまず考えてほしいのですが、ペンシルスカートだけは違います。**体のラインが出るアイテムなので、あえてインしないで、トップスにボリュームを出すと下半身が細く見えます。ただし背が低い人だけは、鏡で見て、もさっとした印象になるようでしたら、前だけふわっとインして後ろは出してください。アウトにした場合、足元がぺたんこだと胴長に見えてしまう場合もあるので、ヒールがおすすめです。

2番目のコーデは、スカートの中にインしています。ウエストをマークすると、どんな人でもスタイルがよく見えます。もし「私はムリ」と思っても、ぜひトライしてみてください。このとき注意したいのは、しっかりとスカートをあげること。たくさんの人が、自分のウエストを、本来のウエストより下だと誤解していますが、実際は自分が思っているより上。**ウエストがあがればあがるほど脚が長く見えますから、鏡**

を見て、必ずウエストのいちばん細いところまでスカートをあげてください。また、ベージュのニットはパールのネックレスを合わせると、上品さがぐんとあがります。**持っているGジャンは着てもいいのですが、はおったり、バッグからチラ見せするだけでもいい「着ないときもかわいいアイテム」。**いろんな場所におともさせましょう。

3番目のコーデもインです。パンツと合わせて、トップス：ボトムス＝1：2のすらっとコーデにしましょう。上にはパーカーをはおりました。パーカーの下は白Tを着がちだと思うのですが、ベージュのニットに変えることで上品さが出ます。

最後のコーデは、いちばん簡単。ベージュのニットにいつものデニムを合わせれば、さらっとおしゃれな、パリジェンヌの休日のようになります。大人の抜けを出すために、バッグやヒールの靴できれいめをミックスしましょう。

ここでは、ニットの前半分だけインして、後ろはそのまま出しています。前だけでもウエストを見せると、だらしなさがなくなり、すっきりした印象に。**この着方は、おしりまわりが目立たないので、体形が気になる人にはとくにおすすめです。**

好感度と愛され度の高いベージュ。インとアウトのバランスを駆使すれば、使いこなすのは簡単です！

クルーネックのニットが生むのは育ちの良さ

Item : 007
Crew-neck knit

white knit : GU
navy knit : LANDS' END
pink knit : GU

春先から大活躍してくれるのが、薄手の丸首（クルーネック）のニット。その年にどんなものが流行っても、このアイテムを着ないなんてことはありません。色違いで持っておいて間違いないのがこれ。このニットは、どんなコーデにも「品」を添えてくれます。

買うなら、爽やかな印象の白、落ち着いて見えるネイビー、そして春らしいきれいなパステルピンクなどがおすすめです。

このニットがアイテムとして優秀な理由は、**白シャツと同様でどんなものにも合うところ。**１枚で着てもサマになるし、インにシャツを入れてもいいでしょう。さらに、肩からはおったり、腰に巻いたりして、差し色として使うこともできます。

アクセサリーを選ばないのもいいところです。**ロングネックレス、ショート丈のボリュームネックレスもどちらもＯＫ。**シャツを中に着て、その上から短めのビジューアクセサリーをするとイギリスの女の子みたいになります。パールネックレスを合わせれば、それこそお嬢さまスタイルです。

誰からも愛される女の子をつくるのが、このクルーネックニットです。

クルーネックニットの脇にスリットが入っていたらラッキー！

Item : 007
Crew-neck knit

knit : GU
shirt : 無印良品（own item）
pants : UNITED ARROWS（own item）
pierce : JUICY ROCK
bag : Tocador
sneakers : GU
watch : LOCATION

knit : GU
skirt : GOUT COMMUN
sunglasses : Mystrada
scarf : Mystrada
necklace : JUICY ROCK
bag : ZARA（own item）
pumps : FABIO RUSCONI（Essey）

knit : GU
t-shirt : Gap
pants : destyle（THE SUIT COMPANY）
hat : hatattack（own item）
glasses : LOZZa
pierce : GU
bangle : GU
bag : ROSE BUD（own item）
shoes : WASH

knit : GU
shirt : GU
skirt : H&M（own item）
pierce : own item
bangle : JUICY ROCK
bag : CHILLE anap（own item）
shoes : Le Talon（own item）

knit : LANDS' END
pants : Mystrada
glasses : LOZZa
pierce : JUICY ROCK
bag : own item
sneakers : CONVERSE
(own item)

cardigan : LANDS' END
knit : LANDS' END
skirt : H&M (own item)
necklace : JUICY ROCK
pierce : GU
bag : Casselini
sandals : Mystrada

クルーネックのニットはどんなものにも品をプラスすると言いました。ですので、Aラインスカートからカジュアルなボトムまで、どんなものと合わせても、上品に、清潔感を出して見せてくれます。その上、Tシャツのようにどんなアイテムとも合うのでボトムも選びません。

60ページの最初のコーデはAラインのスカートと合わせていますが、**インしていないのは、裾にスリットが入っているから。**スリットがあると、Aラインスカートでも形に沿ってもたつかずに流れるので、インしなくても大丈夫です。こう着ると、リラックスした雰囲気が出ます。もちろんインにして、ウエストをマークしてもOKです。

中に色もののシャツを入れるのも、クルーネックニットの上手な使い方。**襟や袖、裾を出し色を分散させると、華やかでおしゃれ上級者に見えます。**

ピンクのクルーネックニットは、大人の味方。かわいいのにシンプルな形なので、媚びてる感じがありません。肩にかけて差し色にも使えます。

ネイビーのニットは知的な印象になります。例えば、ネイビー×ボトムの黒はとても好相性。カーデで腰回りをカバーしているのは、「これ、体にぴたっとしすぎるな」というコーデだから。**こういうときには、腰に差し色のカーデを巻くと解消されます。**体形が気にならなくなりますし、腰位置が高くなり脚が長く見えます。

赤のベストは実は使いやすいアイテム

Item : 008
Vest

vest : GU

ベストというと、コーディネートが難しそうだと思われるかもしれません。でも実はとても簡単で、クルーネックニットと同じルールで着てしまえばＯＫです。１枚で着てもいいし、上にジャケットをはおってもいいし、中にシャツをインしても大丈夫。**ニットベストを着ていると、ニットを着ているときよりも上級者に見えるので、お得なのです。**

クルーネックニットと同じように使うので、選ぶ形はやはり丸首にしましょう。重ね着しやすくなります。それにＶネックだと、几帳面な雰囲気にもなってしまいます。サイズはぴったりではなく、ややゆるめのものを選んで、ざっくり着ましょう。**スリットが入っているとより便利です。**裾をアウトしやすくなったり、中に着たシャツなどを見せられます。

色は赤が、春夏に差し色として映えるのでいちおし。朱に近い赤がいいでしょう。白、カーキ、グレーなどの定番色でももちろん問題はないのですが、朱赤はオレンジが入っているので、日本人の肌の色によく合うし、顔色がよく見えます。黒系にも茶系に合わせやすく、コーデも選ばないので、特別な１枚として持っておきましょう。

1枚で3回おいしい赤のベスト

Item : 008
Vest

インに着る

jacket : SPLENDINA（UNIVERSAL）LANGUAGE
vest : GU
skirt : Mystrada
necklace : RADA（Jines）
bangle : JUICY ROCK
bag : ZARA（own item）
sandals : Cry（own item）

1枚で着る

vest : GU
pants : destyle（THE SUIT COMPANY）
hat : SORBATTI（Jines）
necklace : Mystrada
bag : ZARA（own item）
shoes : FABIO RUSCONI（own item）

上に着る

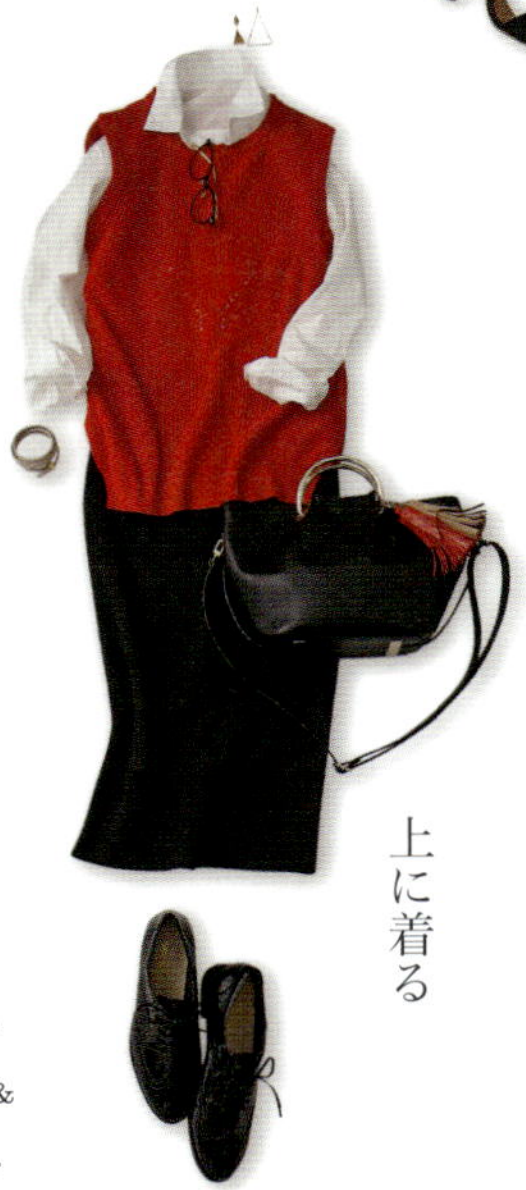

vest : GU
shirt : GU
skirt : H&M（ own item）
glasses : VIKTOR & ROLF（own item）
pierce : Three Four Time
bangle : JUICY ROCK
bag : Casselini
shoes : Le Talon（own item）

「今日のコーディネート、どこか寂しいな」と思ったとき、インナーを朱赤のニットベストに替えてみましょう。差し色がきいて一気に華やかな印象になります。ジャケットと合わせてもいいですし、86ページのようにGジャンの下に着るのも海外セレブの雰囲気が出ます。のちほど説明しますが、Gジャンはジャストサイズを選ぶべきなのですが、こういったジャストサイズのインナーにも、ベストならば、袖まわりがもたつかずはおりやすいのがいいところ。**ただし、この赤いベストを着たときは、小物など別のアイテムには絶対に赤を使わないでください。**ベストに限ったことだけではなく、ビビッドな色は1カ所だけ使うのがコツです。

シャツを中に入れてベストを着るのもいいでしょう。そうすると、余裕のある大人のおしゃれが完成します。きれいめになりすぎるので、メガネやおじ靴（おじさん靴）でカジュアルをミックスして、フレンチガーリーな雰囲気を楽しんでください。

1枚で着るときは、コーディネートが寂しくならないように、ハットやロングネックレスなどでアクセントをつけるのを忘れずに。リラックス感があって今っぽいコーデになります。朱赤のベストは、黒っぽい服にも、茶色っぽい小物にもなじんでいるのがわかるかと思います。使い勝手の良さはピカイチです。

ボーダーの勝負は「買うとき」

Item : 009

Horizontal striped tops

right : ZARA（own item）
center : H&M（own item）
left : Gap

ボーダーはいろんな人が着る、ど定番中の定番。しかし、着やすいからこそ、普通に着ているだけだと、ださく見えがちなのもこのボーダーです。だから、ボーダーは、しっかり「きれいめ」に着るテクニックを身につけておきましょう。とてもカジュアルなイメージがあるからこそ、きれいめに着こなせたときに生まれるボーダーの「やるな！」感はものすごいものがあります。

といっても、難しいことはありません。**ボーダーは、「買うとき」のみが勝負。**首元が広くあいている形を選びましょう。肩があいていたり、深いVだったりと、横か縦どちらか（もしくはどちらも）の方向にあいているのがベストです。**鎖骨がちらっと見えるくらい襟ぐりがあいているものが、女性らしく見えます。**

写真のアイテムはどれもおすすめの色ですが、その中でもいちおしなのが、右端の白地に黒のボーダーのもの。これがいちばん使いやすい色味です。ボーダーは、黒の幅が細いほど、カジュアル感が薄れ、きれいめに見えていきます。

真ん中のような、黒地に白のボーダーは、黒の分量が多くて引き締まって見えるので、辛めでクールなイメージをつくりたいときにぴったりです。カジュアルなのに、落ち着いた雰囲気になります。

最後のネイビーは、黒よりもカジュアル感が増します。

ボーダーは、小物に白か黒を入れると なぜだかおしゃれに見える

Item : 009
Horizontal striped tops

jacket : SPLENDINA
(UNIVERSAL LANGUAGE)
cutsew : ZARA (own item)
pants : Mystrada
scarf : Mystrada
necklace : JUICY ROCK
bangle : LOCATION
bag : Casselini
pumps : Essay

tops : ZARA（own item）
skirt : Mystrada
glasses : LOZZa
earring : JUICY ROCK
bangle : JUICY ROCK
bag : ZARA（own item）
pumps : Dhyana.（own item）

白地が多いボーダーは、爽やかでクリーンな印象を与えます。だから、「ボーダーなのにきれいめ」のコーデがつくりやすくなります。

右ではジャケットを合わせました。普通なら白Tシャツを合わせるところに

ボーダーを着ると、ハズし感が出ておしゃれに見せます。

またボーダーを着たとき、小物を白と黒でリンクさせる小ワザもおすすめです。

上の柄スカートのコーデは難しそうに見えますが、白黒のボーダーであれば、柄ものともすんなりまとまります。ここでも小物のどこかに黒を入れると、柄がうるさくなく、まとまりよくなります。

ボーダーは黒い幅が多いほどかっこよくなる

Item : 009
Horizontal striped tops

tops : H&M（own item）
t-shirt : Gap
skirt : Littlechic（THE SUIT COMPANY）
sunglasses : LOZZa
pierce : JUICY ROCK
sneakers : OROBIANCO（Due passi per wash）
wallet : Three Four Time

tops : H&M（own item）
skirt : H&M（own item）
necklace : LEPSIM（own item）
bag : Tocador
sneakers : NIKE（own item）
watch : LOCATION

tops : Gap
shirt : GU
pants : UNIQLO
hat : eleonorabarzan（MOON BAT）
earring : JUICY ROCK
bangle : GU
bag : ZARA（own item）
shoes : CARMEN SALAS（Essay）

黒の分量が多いボーダーは、ぴりっと辛いアイテムなので、**「カジュアルなのにかっこいい」がつくれます。**最初のコーデのようにリュックやスニーカーなどと合わせると簡単です。**ここでのポイントは、小物も全部白黒で固めること。**これは、ボーダー以外にも使えるワザですが、カジュアルなものは白黒でまとめると大人に見えます。**ボーダー全般は柄のようにも使えるので、２番目のコーデのように肩からかけて、差し色にする使い方もかわいいです。**上のようなネイビーは、黒に比べてカジュアル感が増すので、バッグや靴に女性らしさを入れるのを忘れずに。

はおりは、この4着さえあればいい

Item : 010

Cover up

hoodie : GU
navy jacket : SPLENDINA (UNIVERSAL LANGUAGE)
cardigan : LANDS' END
denim jacket : Gap

「はおりを厳選して」と言われたら、私は迷わずこの4着を選びます。グレーのパーカー、ネイビーのノーカラージャケット、派手なカラーのカーデ、そしてGジャンです。

この4着さえあれば、日常からパーティ、海や山でも、ひと通りのコーディネートができます。とても使えるので、持っていなければ心おきなく買い足してください。コーデの幅が広がります。もちろん、「シンプルでプレーンな普通のアイテム」の形さえしていればいいので、高いものを買う必要もありません。


まず、グレーのパーカー。これはどんなお宅にお邪魔しても、必ず1着はあるというくらい、多くの人が持っているアイテムです。

カジュアルなアイテムなので55ページのテーパードパンツや、111ページのペンシルスカートのように、きれいめのアイテムと組み合わせること。パーカーは必ず、「きちんと感のある服」と、です。おすすめなのは、シャツを中に合わせてみることです。それだけで海外セレブの雰囲気が手に入ります。パーカー×シャツはラフさが命なので、シャツのボタンを2つあけ、鎖骨を見せて襟を立てることを忘れずに。

もちろん、Tシャツ×ブルーデニム（38ページ）やホワイトデニム（44ページ）と合わせてカジュアルに着るのも王道です。この場合は、小物に女性らしいアイテムを持ってきさえすれば、手を抜いた人には見えません。

もしこれからパーカーを買うとしたら、**見るべきは「ファスナーの色がゴールドであること」**。ファスナーの色は、意外と全体の雰囲気を決めます。ここがゴールドだと大人の高級感が出ます。また、欲張るなら**フードは小さめでサイズがコンパクトなものを選びましょう。**フードが小さいと、首にフードが近くなるのでよりかわいいのです。そして生地が厚めのものを選ぶと、くたっとしないので「高く」見えます。ここで紹介している、GUのパーカーはベストです。

ノーカラーのジャケットは、ネイビーか黒がおすすめ。着るときのポイントは、**それ自体がかっちりしたアイテムなので、「きちんと着ない」ことです。**手首はくしゅっとロールアップして、パーカーとは逆にTシャツやデニムなど、カジュアルアイテムとどんどん合わせましょう。そしてパーティなどで着るときは、腕は通さないこと。この場合は、肩からはおるだけのアイテムだと思いましょう。女優のオーラが出ますよ。

クルーネックのカーデは、はおりとしてはもちろんですが、腰に巻いたり肩からかけたりとたくさんの使い道があります。

腰巻きや肩かけにしたときにはひとつだけコツがあります。それは、**たまたまカーデを持っていたからそこに巻いた（かけた）、といった自然な雰囲気を出すことです。**わざとらしさが出てしまうと、急におしゃれではなくなります。とくに、春夏は「冷房が寒かったらはおる予定」といった感じで、たまたま今は腰巻き（肩かけ）しているかのような気分でいてください。気持ちのもちようが、さりげなさを左右します。

色は差し色になるきれいな色が使いやすいです。ピンクや水色もOKですが、もし迷ったら、**寒色系の服にも暖色系の服にも似合いやすい黄色がおすすめです。**


Gジャンは、多少の流行があっても、年によってそんなに浮き沈みはありません。手持ちがあれば、どんどん使ってください。着るだけではなく、腰に巻く使い方もおすすめです。

Gジャンは、とにかくコンパクトなものにしましょう。肩が合った細身のシルエットがよく、背が小さい人はキッズサイズでもいいくらいです。色味はインディゴだと農作業着っぽく見えてしまうので、ブルーデニムで。**新品感のない、ちょっとくたっとしたものがセンスよく見えます。**古着屋さんで買うと掘り出しものに出合えます。

ユニクロは何といっても「ボトム」です。のちほど詳しくお話しますが、ボトムにはトップスよりも流行が出るので、そのときの新しいアイテムを取り入れてほしいものです。**ユニクロは、本当にボトムが上手。**流行を押さえ、価格も安く質もいいので、重宝します。

その中でも究極のいちおしを聞かれたら、このアンクルパンツシリーズです。アンクルパンツは、その名の通り、アンクル（くるぶし）丈のパンツのこと。私は、パンツをはくときは必ず足首を出してほしい（細く見えるので）と伝えていますが、アンクルパンツはロールアップしなくても、そのままの状態で足首が見えるのがいいところ。もし、きちんと感が必要な場所で、ロールアップするのが難しい場合でも、このアンクルパンツであれば自然に足首を出せて、ほっそりと見えます。

とくに、アンクルパンツの中でもテーパードタイプ（裾に向かって徐々に細くなるタイプ）がいいでしょう。脚が細く見えます。その上センタープレスが入っているものは、まっすぐ見え、より脚長効果があります。この写真のものはウエストの後ろがゴムなので、**OLさんだけではなく、お子さんと一緒に遊んだりするママにもおすすめ。**しかも価格は数千円と、いいとこだらけです。

しかし、ボトムでも柄がついていたり個性的なものは、誰かとかぶったときに、「あ、ユニクロだ」と思われやすい一面があります。

そこで私がお客さまにおすすめするのは、黒、ネイビー、グレーなど定番のもの。ユニクロは仕立てもしっかりしているので、お値段以上の価値を感じるはずです。

Brand column
[**UNIQLO**]

ユニクロが得意なのは「ボトム」

よくショッピング同行で私が行くのが、GUとZARAの２本立てです。まずGUで定番アイテムを押さえたら、次はZARAにパンチをきかせるための服を買いに行きます。「きれいなお姉さんっぽい、華やかな服がほしいな」と感じたときにおすすめなのがZARA。

ZARAの特徴は、素材がくたっとしていたり、てろっとしていたりするとろみ系の服が多いこと。**華やかで女らしさがアップするアイテムが多いのです。**

スペインのブランドであるZARA。実用的でありながら、どこか女性のセクシーさを感じさせるデザインです。

パーティアイテムやドレスも充実しています。ただし、私がおすすめするのは、パーティにしか使い道のない、年に１、２回しか着ないようなドレスではなく、パーティにも普段着としても使えるものです。**だから、この本でもおすすめしているとろみ素材のトップスなどは、ZARAがばっちり。**これさえあれば、ボトムは何を選んだとしても今っぽい女性らしいコーデになります。

ZARAでもうひとつおすすめなのが、バッグです。たった数千円でハイブランドにも負けないデザインのものが手に入ります。お客さまのショッピングに同行すると、ZARAで２個、３個とバッグを買っていく方も多いです。

ヒールの靴もサイズが合えば、即、買いです。デザイン性が高い華やかな靴も、お手頃価格で手に入ります。

Brand column
[ZARA]

ZARAはとにかく華やかなものが得意！ とろみトップスと、バッグと靴を狙う

テーパードパンツはそれだけで細く見える

Item : 011
Tapered pants

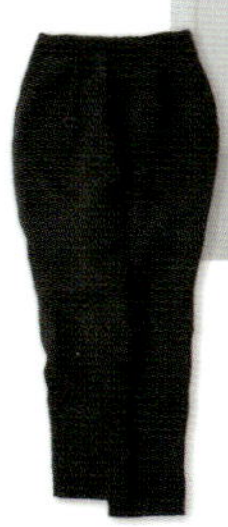

pants : UNITED ARROWS
(own item)

テーパードパンツが何よりもいいのは、はくだけで脚が細く見える魔法のアイテムだからです。**というのも、もともと腰まわりにタックが入っていたりと、おしりまわりと太ももを隠す形をしているから。**そして、裾に向かって細くなっていくので、勝手に足首を細く見せてくれます。

最強なのは、センタープレスが入っているものか、もしくはストライプのもの。縦にラインが入っていることで、よりすらっと縦長を強調できます。**素材は、少しとろみのあるくたっとしたものだと女らしく見えます。**最初の一本はブラックが使えるでしょう。

テーパードは、大人っぽさときちんとさがほしいときにぴったりのアイテムです。「細く見せるためには3首（首、手首、足首）見せる」のルールの通り、テーパードパンツをロールアップして足首を見せるのもいいのですが、おすすめはもともと足首が見えるくるぶし丈を選ぶこと。最初から8分丈や9分丈のものを選んでおけば、いちばん華奢《きゃしゃ》な足首の存在が際立って、すっと細く見えます。

大人の余裕を生む、「とろ×とろコーデ」

blouse : TITE IN THE STORE
pants : UNITED ARROWS (own item)
necklace : LOCATION
bangle : JUICY ROCK
bag : own item
sandals : MOUSSY (own item)

テーパードパンツをきれいめに着るときに最大限気をつけるべきなのは、リクルートっぽくならないようにすること。ここさえおさえておけば、大人の余裕を感じさせるコーデになります。**具体的には、トップスにとろみを合わせましょう。**「とろとろコーデ」が合言葉です。

とくにキャメルは大人の女性の肌をきれいに見せてくれる色なので、写真のようなキャメル×黒のとろとろコーデは、愛されます。

このとろとろコーデで大事なのは、ウエストをちゃんとインして、ウエスト位置をしっかり見せることです。とろみはだらっとして見えるのがいちばん怖いもの。**でも、こうやって、トップス：ボトムス＝1：2のルールを守れば、誰でも必ずスタイルがよく見えます。**足首が見えないくらい長いテーパードパンツの場合は、お直しするか必ず裾をロールアップして足首を出してくださいね。

さらに、テーパードパンツをきれいめに見せたいときは、「ヒールを合わせて縦長を強調する」と覚えてください。1：2の法則＋ヒールの高さで、腰位置がぐんと高く見えます。

今回は、赤のサンダルを差し色に入れました。とろみで女性らしいのに、ここでぴりっと辛口のコーディネートになり「センスのいい大人の女性」になります。

靴を主役にしたいときは
テーパード

jacket : Gap
vest : GU
pants : UNITED ARROWS (own item)
hat : SORBATTI (Jines)
sunglasses : Mystrada
pierce : own item
bangle : LOCATION
bag : 3.1Phillip Lim (own item)
shoes : GU

Item : 011
Tapered pants

テーパードパンツのいいところは、裾に向かって細くなるから、足首から下がちゃんときれいに見えること。つまり、テーパードをはいていると、それだけで「靴が目立って見える」のです。

ですので、「今日は靴を目立たせたい！」と思ったときは、ボトムをテーパードにするといいでしょう。

このコーデの主役は、カモフラ柄のスリッポンです。これを目立たせるために選んだのがテーパードです。

靴にヒールがないので、その分、トップスはもっさり見えないようにコンパクトにまとめています。赤×黒だけだとちょっと配色が強いので、白いハットとブルーのGジャンで上半身を「トリコロール」にし、こなれ感を出しました。「トリコロール」色コーデについてはのちの200ページでご紹介します。

さらに、ハットをかぶって、全体の重心をぐっと上に引きあげます。**ヒールなしのときはハットを合わせるとスタイルがよく見えますよ。**

Gジャンもスリッポンもカジュアルな印象なので、**だらしなく見えないように、小物で黒を散りばめて引き締めています。**黒散りばめテクニックもおすすめです。

デニムは、ゆるっとした形のもの

Item : 012
Boyfriend jeans

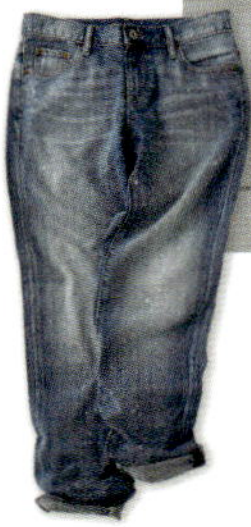

pants : UNIQLO

ブルーデニムは、誰もが持っている1本だからこそ、選び抜くことが大切です。私がおすすめするのは、スキニーではなくてゆるっとした形のもの。細身のスキニーはトップスを選んでしまうので、よく使うにはこの形がベストです。「彼のデニムを借りてきちゃった」というくらいのボーイフレンドデニムか、それよりは少しだけ細めのガールフレンドデニムか、どちらかにしましょう。

これも、高価なブランドのデニムだからいいわけではなく、どんなブランドでもいいので、自分のサイズを重視してください。ポイントはお尻に横シワが入らないものを選ぶこと。プラスして、写真のように太もものあたりが少しだけ色落ちしたブルーデニムなら、自然と立体感が出るので、脚がきれいに細く見えます。

また、**このデニムはきれいめのアイテムと一緒に着てこそ、センスよく見えます。**

例えば、Tシャツを合わせるのではなく、きれいめなシャツやジャケットと合わせてはくと突然こなれて見えます。スニーカーではなく、ヒールの靴を合わせると、大人っぽい色気が出ます。

もちろん細く見せるため、ロールアップして足首を見せることを忘れずに！

ボトムが白なだけであか抜ける

Item : 013
White jeans

pants : Gap

NG
ストレッチがきいた薄い素材のものだと、下着が透けてしまったり、むっちり感が出たりしてしまいます

もうひとつおすすめなのは、白のボトム。はかれたことのないお客さまは、「えっ、白?」と抵抗を感じる方もいらっしゃいます。**でも、このアイテムがつくるあか抜け感は、はいてみた人にしかわかりません。**それに、トップスの色も形も選ばない、本当に便利なアイテム。ボトムに白を着る人は少ないですから、だからこそ誰でもおしゃれに見せます。

春夏に大活躍してくれるアイテムですが、冬の寒い時期に白デニムをはいている人は、より一層おしゃれに見えます。白デニムは、一年中使えるアイテムです。

選ぶときは、素材が厚手のものにすると透けません。また、ストレッチがあまりきいていない、ハリのあるものがいいでしょう。試着のときは必ず試着室から出て、後ろ姿を店員にチェックしてもらってください。ヒップや太ももに横ジワが出るようだったら、そのデニムは体形に合っていません。高い安い問わず、さまざまなデニムをはいて、自分の1本を探しましょう。

ワイドパンツは脚が長く見える

Item : 014
Wide-leg pants

striped pants : destyle
(THE SUIT COMPANY)
pink pants : Mystrada

トレンドはボトムに現れることに、気づいていましたか？　ユニクロの項目でもちらっとお話ししましたが、実はシャツやセーターなどのトップスには、変わった形が流行ることはほとんどなく、毎年同じ形のものが売られますが、**パンツの太さやスカートの丈の流行は頻繁に変わります。**ですから、もしトレンド感を出したかったら、トップスは定番のまま、パンツやスカートで流行を取り入れるのがおすすめです。

今らしいボトムは、何といってもワイドパンツ。ここしばらくのトレンドのテーマは「リラックス」です。最近は丈も長めで、年齢にも関係なく使いやすい、きれいめのワイドパンツがそろっています。1着あるだけでトレンド感が出るので、はいてみたい方はぜひトライしてみましょう。

ワイドパンツの良さは脚の形が出ないこと。すらりと長く、まっすぐに見えます。色はビビットな色でなければトップスを選ばずコーデしやすいです。素材はくたっとした、ストンと落ちる感じのあるものにしましょう。デニムなどの素材が硬いワイドパンツは、合わせるのが難しいです。このパンツはロールアップができないので、丈は必ずくるぶしが見えるくらいのものを選びましょう。ウエスト位置をマークして、あとはヒールを合わせてしまえば、「ここから先は、全部脚！」となって、めちゃくちゃ脚が長い人に見えます。

肩の力が抜けた組み合わせは、ワイドパンツでできる

Item : 014
Wide-leg pants

jacket : Gap
blouse : TITE IN THE STORE
pants : Mystrada
glasses : VIKTOR & ROLF
necklace : LEPSIM（own item）
bangle : JUICY ROCK
bag : LANDS' END
sneakers : CONVERSE
（own item）

blouse : ZARA
pants : Mystrada
pierce : Three Four
Time
bangle : JUICY ROCK
bag : ROSE BUD（own
item）
sandals : Mystrada

今年は、パステルカラーよりもさらに薄くて淡い「ペールトーンのカラー」が人気です。旬のワイドパンツに、そのトレンド色を取り入れたのが右のコーディネートです。ただトレンドのアイテムをひとつ入れただけなのに、「ファッションのことを何でもわかっている感」が出ます。

このコーデは両方とも、先ほど紹介したトップスとろみ×ボトムとろみの「とろとろコーデ」。「大人のリラックス」を生むのがこの組み合わせです。

右側は、サンダルもペールグリーンにしました。バッグもピンクやグリーンなどをあしらった柄ものでふわっとした色。なので、トップスは黒を入れて引き締めました。くるぶしが見えてはいるけれど、丈の長いワイドパンツの場合は、もしヒールを合わせるなら、少しコツがあります。それは、ピンヒールの靴だと心もとなく見えてしまうこと。パンツの太さに対抗するため、太めのヒールを合わせてください。

左側は、ウエストをGジャンでマークしています。ウエストのマークは、腰回りが隠れるだけではなく、ここから下が脚だと強調できることはもうおわかりかと思います。**バッグもスニーカーもGジャンもすべてカジュアルなのですが、とろとろコーデなので、大人の女性の肩の力が抜けた「リラックス」感が出ます。**

ワイドパンツは、はくと手を抜いているように見えない

Item : 014
Wide-leg pants

shirt : Gap
t-shirt : AMERICAN HOLIC
pants : destyle
(THE SUIT COMPANY)
belt : GU
sunglasses : Mystrada
stole : Chloe (MOON BAT)
pierce : JUICY ROCK
bangle : Jines
bag : Casselini
sandals : CARMEN SALAS (WASH)

cardigan : LANDS' END
pants : destyle (THE SUIT COMPANY)
scarf : Mystrada
pierce : GU
bangle : JUICY ROCK
bag : CHANEL (own item)
pumps : CORSO ROMA9
(Essay)

ワイドパンツでもうひとつおすすめなのは、白に黒のピンストライプ（細いストライプ）が入っているものです。細身のパンツでピンストライプのものは、いかにもオフィス用という感じで堅く見えてしまうので実は危険アイテム。でも、足首より上の丈の短いワイドパンツで、しかも素材がゆるっとしたとろみであれば、しなやかで女性らしいこなれ感が出て、オンにもオフにも着られるようになります。

右側はかなり上品なスタイルです。黄色×白×黒というぱきっとした色づかいなので、足元をグレージュ（グレーとベージュの中間色）のパンプスにして、やわらげています。**派手な色を使うときは、小物で中間色をどこかに入れるとまとまります。**このパンツは丈が短いので、前ページのワイドパンツとは違って、細いヒールを合わせてOK。

左側は、カジュアルな休日スタイルです。白×白の抜け感のある組み合わせに、カーキのリネンのシャツを合わせてリラックス感を足しました。別荘に来ていそうな優雅な雰囲気です。**麻のシャツの項目で紹介した通り、カーキはおしゃれ感を生むこなれた色なので、持っているだけで便利。**かごバッグやビーチサンダルを合わせたオフスタイルでも、ワイドパンツならカジュアル感がおさえられて、手を抜いているように見えないし、上品さをキープできるのが魅力です。

柄を取り入れるなら「Aラインスカート」

Item : 015
A-line skirt

print skirt : Mystrada
zebra print skirt : GOUT COMMUN
blue skirt : Littlechic（THE SUIT COMPANY）

Aラインスカートは、形そのものが上品で女性らしいという特徴を持っています。このアイテムはどんなに色や柄で遊んでもその印象は変わりません。柄を取り入れるならこのスカートです。グレーや黒などもいいのですが、形に品があるので、どんなものでもカジュアルになりすぎる心配がありません。特に春夏は、このAラインスカートが華やかさを出せるアイテムです。

私が「とにかくシンプルな服を持つのが大事」と言っているのは「形」のこと。これまでもアイテムによっては派手な色が出てきましたが、形さえ守っていれば、よほど突飛な色でなければ大丈夫です。**そして、このAラインのスカートに関しては、色だけでなく柄も好きなものを選んでください。**Aラインスカートは、形が上品ですので、いくら個性的にしても構いません。例えば、ここで紹介したブルーのような鮮やかな色のスカートはコーデの主役になりますし、柄も大胆なものを選んで大丈夫です。

また、丈は、膝よりも長いものを選びましょう。膝を隠すことで脚が長く見えます。**この形のスカートをはくときは、必ずトップスをインし、できるだけ高い位置にウエストをマークしましょう。**「ウエストから下はすべて脚に見える」という魔法の法則を忘れずに。

鮮やかな色でも、Aラインスカートならば上品

hoodie : GU
tops : ZARA（own item）
skirt : Littlechic（THE SUIT COMPANY）
pierce : JUICY ROCK
bag : Tocador
sneakers : NIKE（own item）

knit : LANDS' END
skirt : Littlechic（THE SUIT COMPANY）
scarf : Mystrada
necklace : JUICY ROCK
bag : passage mignon
pumps : Dhyana.（own item）

写真のような鮮やかな色味のスカートは、着ているだけで華やかで、おしゃれ感が出ます。**しかも、実際にコーディネートしてみると、ベーシックカラーならトップスで合わないものがありません。**その上Aラインスカートの特性が生かされて、上品にまとまるのです。

まずは、右側のネイビー×ブルーの組み合わせ。靴以外は、いわゆる「同色コーデ」のひとつで、同じ系統の色を着ているだけなので、簡単です。トップスとボトムだけではなく、バッグに巻いたスカーフもネイビーがきいていて、これも同色の一種でまとめています。ここに、靴に赤のパンプスを持ってきています。**赤白青の組み合わせは、あとでご紹介する「トリコロールカラー」のテクニックなのですが、この組み合わせは清楚なイメージになります。**

左のコーデはカジュアルスタイルです。Aラインのスカートというと、上品にしか着られないイメージがあるかもしれませんが、靴も小物もすべてカジュアルなものをモノトーン系で合わせれば、簡単に大人のカジュアルダウンができます。ここに、本当は黒のスカートを合わせたくなるのかもしれませんが、Aラインならば、代わりにどんな色、柄でもOKなのです。写真はブルーですが、例えば派手なピンクや緑なども大丈夫ですよ。

カラフル柄のスカートは、たくさん色があればあるほどいい

Item : 015
A-line skirt

cardigan : LANDS' END
t-shirt : Gap
skirt : Mystrada
sunglasses : Mystrada
earring : JUICY ROCK
bangle : Three Four Time
bag : ZARA（own item）
pumps : FABIO RUSCONI（Essay）

knit : GU
skirt : Mystrada
necklace : GU
bag : Three Four Time
pumps : CORSO ROMA9（Essay）

柄スカートは色合わせが難しく、一見コーディネートしにくいと思うかもしれませんが、実はこの柄スカート、たいていのトップスに合います。この本でもいたるところに登場していますので、巻末のインデックスを参考にチェックしてみてください。

カラフルな**柄スカートを着るコツは、柄の中の色を拾ってほかのアイテムを入れることです。**だから、購入の際は1枚の中にたくさんの色が使われていればいるほど幅が広がります。写真のスカートにはミントグリーンやピンク、水色、クリームイエローなどが入っています。それらから色を拾ってトップスや小物を選ぶと相性がいいのです。とくに、柄の中に淡い色が入っているデザインだと、中間色と合わせやすくなってコーデのバリエーションが増えます。そして、どんな柄を選んでもいいと言いましたが、**白×黒の花柄だけは避けましょう。**これだけは、どうしてもおばちゃんぽく見えてしまう恐れがあるので……。

右のコーデは、スカートの中のピンク色をひろってトップスにもってきました。トップスもボトムも存在感があるので、**バッグや靴などの小物はあえて中間色で主張をなくしています。**この中間色のテクニックが、シックにまとまる理由です。

左のコーデは、休日のショッピングのイメージです。**ここでも、必ずトップスをイン。腰位置を高くしてはきましょう。**

困ったときの中間色

Item : 015
A-line skirt

jacket : Gap
t-shirt : Gap
skirt : GOUT COMMUN
necklace : earth music&ecology red Label
bangle : JUICY ROCK
bag : MERCULES（UNITED ARROWS）(own item)
pumps : REZOY

blouse : TITE IN THE STORE
skirt : GOUT COMMUN
hat : hatattack（own item）
necklace : LOCATION
bangle : JUICY ROCK
bag : passage mignon
shoes : Le Talon（own item）

先ほど、柄スカートにはたくさん色があるといいと言いましたが、もし大胆な2色だけの柄スカートがほしいなら、ぜひ「中間色」が入っているものを選んでください。写真はゼブラ柄のスカートですが、この白×カーキは、使いやすい組み合わせです。このカーキはグレーっぽい、白が混ざったカーキ。こういった中間色は、どんなに派手な柄を選んでも主張しすぎず、コーディネートがしやすいです。**先ほどから、中間色はどんな色にも合うと言っていますが、困ったときは、中間色を持ってくればまとまる場合が多いです。**

右側のコーディネートは、トップスとスカートがともに曖昧な中間色です。そのままではぼやっとした印象になるので、ハットやネックレスのフリンジ、バングルにおじ靴と、黒を全体的に散りばめて、中間色同士のコーディネートをぴりっと引き締めています。

左側は、グレーのTシャツを合わせました。上からグレー（トップス）↓グレーがかったカーキ（スカート）↓カーキ（パンプス）と、色がリレーしていて、全体に統一感が出ています。**これはネイビーのバッグで引き締めています。**

Aラインのスカートをはくときは、トップスはコンパクトなほうがバランスがよく見えるので、コンパクトトップスのGジャンを合わせています。

ペンシルスカートはまず買う

Item : 016
Pencil skirt

skirt : H&M（own item）

黒のペンシルスカートは、古い海外の映画から現代まで、今も昔も「大人の女」の代名詞。**それだけ、女性のセクシーを引き出すアイテムなのです。**

ペンシルスカートの着こなし方法は、２つだけ。**とにかくきれいめに着て、とことん女性らしさを強調するか、「え？　こんなカジュアルなアイテムに合わせていいの？」というくらいカジュアルなアイテムと合わせてギャップを楽しむか。**ペンシルスカートをきれいめに着るのは、きっとみんな想像がつくと思うので、少し難しい後者の着方もぜひマスターしてください。これができると、かなりの上級者です。

ペンシルスカートは、膝下くらいの丈を選んでください。とくに、春夏のナマ足ではくシーズンは絶対に膝下です。**膝下のスカートであれば、どこからどこまでが脚かがわからないので、ヒールでいくらでも脚を長くできます。**

素材は張りのあるものを選びましょう。てろっとしたものだと、チープに見えます。ポリウレタンなどが入った、ややしっかりめの素材を選ぶと大人っぽくなります。

「即いい女」、ペンシルスカートの王道コーデ

Item : 016
Pencil skirt

shirt : Gap
bare shoulder top : UNIQLO (own item)
skirt : H&M (own item)
hat : hatattack (own item)
necklace : RADA (Jines)
bangle : JUICY ROCK
bag : ZARA (own item)
sandals : Cry (own item)

まずはペンシルスカートをきれいめに、シャープに着こなすコーディネートです。こんな人がいたら憧れちゃうというような、モードでおしゃれなイメージのスタイリングをしてみました。これは、コーデ全体に黒の分量を多めにして、ぴりっとした雰囲気です。何度も言いますが、黒は引き締め効果があります。

アクセサリーも、ゴールドではなく、シルバーを合わせています。というのも、シルバーのほうがクールな印象になるから。**ゴールドは温かさ、シルバーはクールな印象を出します。**

「仕事のできるいい女」になりたいときは、シルバーです。

ペンシルスカートは体にフィットするアイテムなので、トップスはリネンのシャツをあえてカシュクール風にして、ふわっとさせました。これでバランスを取っています。**下がピタッとしているときは、上にボリュームを出すとキメすぎになりません。**即、いい女が手に入るコーディネートは、ひとつ自分のモノにしておくと、「今日はいい女でいかなきゃ！」というときに、焦らずに済んでいいですよ。

また、ペンシルスカートを選ぶ場合はヒップラインが出ない、ピタピタすぎないものを選びましょう。正面から見て、ヒップから足にかけてストンと真っすぐになるものにします。だから、いつもの自分のサイズよりも大きいサイズを選んだ方がいい人もいるかもしれません。ウエストよりも、ヒップを見て選んでください。

Item : 016
Pencil skirt

ペンシルスカートをカジュアルに着崩すとモデル級になる

cardigan : LANDS' END
blouse : Three Four Time
skirt : H&M（own item）
necklace : Mystrada
bangle : Jines
bag : Casselini
sandals : ZARA（own item ）

ペンシルスカートをカジュアルに着こなすことができたら、完全におしゃれ上級者です。

上のコーデは、カジュアルなかごバッグが主役。トップスがとろみブラウスなので、服だけだと「とてもきれいめ」のスキのないコーデです。しかし、全体に茶色の中間色の小物を散りばめ、強さをやわらげています。**きれいめな組み合せに中間色で、やわらかさを足すのです。**これだけだと色が寂しく見えるので、黄色

shirt : 無印良品(own item)
hoodie : GU
skirt : H&M (own item)
glasses : own item
bandana : Mystrada
pierce : JUICY ROCK
bag : LANDS' END
sneakers : CONVERSE (own item)

いカーデをアクセントにしました。

上のコーディネートは、**きれいめ：カジュアル＝1：1の組み合わせ**。シャツとペンシルスカートがきれいめ担当、パーカーとバッグ、靴がカジュアル担当です。

このように、きれいめとカジュアルを混ぜることで、こなれ感が出ます。パーカーはおしり回りを隠してくれるので、ペンシルのぴたっと感が気になる人にもおすすめ。難しそうに見えるけれど、ただカジュアルを混ぜればいいだけなので、ぜひやってみてください。

ピンチを救う黒ワンピース

Item : 017
Black dress

dress : Gap

前著で、私は「ワンピースは極力着ない」と書きました。着ないことで、おしゃれのセンスが磨かれるからです。というのも、ワンピースは基本的にコーディネートが必要のないアイテムだから。その1枚だけの印象しか生まないので、上下を組み合わせてコーディネートするときに比べて、センスがいいと感じる余地が減るのです。また、自分のコーディネート力も減らしてしまいます。

なので、私はワンピースをあまりおすすめしないのですが、それでも、**これは持っていたらいいと思うワンピースが一枚あります。それは黒のシンプルなものです。**

黒のシンプルなワンピースならば、組み合わせの幅が大きいので、ワンパターンになりません。パーティのような場に着ていくこともできますし、カジュアルなアイテムと合わせて普段に着ることもできます。さまざまに着られるので、「また、あの人ワンピース着てる」というような印象にならないのです。素材はシフォンや、伸縮性のあるジャージなどの柔らかいものを選びましょう。裾は揺れ感のあるタイプが女性らしくて素敵です。ミニ丈よりは、膝下くらいの長さのほうが使い勝手がよくなります。ここではこれから4パターンの着こなし方を紹介します。ワンピースでも、ここまでいろんな顔を見せられますよ。

無限の可能性を持つのが黒ワンピ

Item : 017
Black dress

shirt : Gap
knit : GU
dress : Gap
hat : hatattack（own item）
necklace : GU
bangle : GU
bag : apart by lowrys（own item）
sandals : ZARA（own item）

jacket : SPLENDINA（UNIVERSAL LANGUAGE）
dress : Gap
choker : LOCATION
pierce : LOCATION
bag : Lapuis（Casselini）
sandals : TOPSHOP（own item）

まず右のコーデは、ワンピースを1枚で着るパターン。結婚式の二次会や、ちょっとしたお呼ばれのときにぴったりなコーディネートです。

大人のパーティスタイルは、引けば引くほどおしゃれに見えます。「パーティ」のコーデは、慣れないとつい足してしまいがちですが、ここは必ず「引く」のを忘れないでください。パーティは「引く」ことと「小物」を見せることがポイント。このコーデでは、朱赤のクラッチバッグを目立たせました。サンダルは同じ黒でも存在感のあるタイプを選べば、パーティ気分が高まります。ここでは手にネイビーのジャケットを持たせましたが、これは前に書いたように腕を通さずにはおる用です。もし通したい場合は必ず袖をくしゅっとたくしあげて、こなれ感を出してください。間違ってもボレロをはおって、幼く仕上げてしまってはいけません。

左のコーディネートのように、上からクルーネックのセーターなどを着ると、**ワンピースがスカートとして使えます。1枚で2度おいしい着方です。**

ただし、この着方をする場合、トップスをスカートにインすることができないので、ウエストがどこにあるかわからず、ずるっとしてしまいます。**ですので、シャツを腰に巻いて、ウエストの位置をマークしてください。**

黒はビビッドな色とあわせると知的に見える

Item : 017
Black dress

cardigan : LANDS' END
dress : Gap
necklace : LEPSIM（own item）
bangle : JUICY ROCK
bag : ZARA（own item）
sneakers : OROBIANCO（Due pass per wash）

vest : GU
dress : Gap
necklace : JUICY ROCK
pierce : GU
bracelet : LOCATION
bag : CHILLE anap（own item）
pumps : CORSO ROMA9（Essay）

黒のワンピースは、ビビッドな色と合わせると、その真価が発揮されます。赤や黄色などの強い色とぜひ組み合わせてみてください。知的で、芯のある女性に見えます。右側のコーデは、赤のニットベストを上から着ました。このベストはスリットが入っているので、前のページのピンクのニットのときとは違って、ウエストマークなしでも大丈夫。黒のペンシルスカートでは出せない、揺れるスカートの動きで甘い印象になります。

黒とビビッドな色を合わせたときに入れる小物は、やはり「中間色」。茶色のレオパード柄のバッグを合わせたことで、黒×赤の強い色のなじみがよくなっています。パールのアクセは品がぐっとよくなるので、大人のデートスタイルにもぴったりです。

左側は、黒のワンピースをスニーカーでカジュアルに着ています。こちらもビビッドな黄色のカーデをはおりました。はおることで、重心が上に持ちあがるのでスタイルがよく見えますし、色を入れることで「楽だからワンピを着た」と思わせない、センスも印象づけられます。小物はやはりキャメルで中間色。とくに、今着ているものに近い中間色に寄せるといいでしょう。何度も言いますが、ぱっきりした色には中間色です。ブラウンやカーキなどの中間色は、小物でも持っていると本当に便利です。

ビビッドな色を差したときは、バランスを小物の中間色で取るワザを覚えましょう。

シャツワンピは、そのまま着ない

Item : 018
Shirt dress

shirt dress : AMERICAN HOLIC

黒のワンピに続いて、私が「これは買い」だと思うワンピースは、シャツワンピです。シャツワンピのポイントは、基本はワンピースとして着ないこと。**全部あけてカーデのように着たり、途中だけボタンを留めてインに着た服をチラ見せしたり。**こうすることで、いろんな組み合わせを楽しめます。上にも下にも重ね着をすれば、これも「今日は手を抜きたいからワンピにした」という感じになりません。

この、「手を抜いていない」「ちゃんとコーディネートしている感じ」を出すのが、センスの良さにつながるのです。

今回選んだデニム素材のシャツワンピは、一年を通して活躍してくれます。どんな服ともケンカしないので、コーディネートをしやすいのもいいところです。

シャツワンピも、着るときはすべて袖をくしゅっとたくしあげて、手首を見せること。インディゴなどのあまり濃い色だと作業着感が出るので、くたっと色落ちした古着のようなブルーがおすすめです。素材もハリがありすぎるものよりも、やわらかいものを選びましょう。女性らしい印象になります。

デニムonデニムのコツはなし！「まず着てみる」だけ

Item : 018
Shirt dress

shirt dress : AMERICAN HOLIC
blouse : Three Four Time
pants : UNIQLO
hat : SORBATTI（Jines）
necklace : GU
pierce : own item
sandals : Mystrada
wallet : Three Four Time

デニム×デニムをお客さまに提案すると「やってみたかったけど、勇気がなくて」とよく言われます。確かに、失敗するとアメリカの田舎のおじさんのようになってしまいますが、このデニムワンピがあればとても簡単です。ダンガリーシャツとデニムでもできるのですが、シャツワンピなら長いはおりとして使えるので、よりこなれ感やリラックス感が出ます。

デニム×デニムのポイントは、色を少しずらすこと。といっても、まったく同じ色のアイテムはほとんどないので、写真くらい少しだけずれていれば大丈夫です。ここまでできたら、あとは思い切って着てみるのみ。あまりみんながトライしないコーディネートなので、ぜひやってみてください。褒められますよ！

ここでは、インナーをとろみ、靴もハットも薄い色でそろえました。靴とバッグはとろみブラウスの花の色を拾ってグリーンやイエローを差し色にしています。とても爽やかで涼し気に見えるコーディネートです。

このように、シャツワンピをまるでコートやカーデかのように着る方法は、とてもおすすめ。トレンチコートや、カーデを着るよりもカジュアルダウンした雰囲気なので、「おしゃれに慣れている人」というイメージになります。

シャツワンピは、ボタンを3つ留める

Item : 018
Shirt dress

shirt dress : AMERICAN HOLIC
tank top : PLST（own item）
skirt : H&M（own item）
glasses : LOZZa
pierce : own item
bangle : JUICY ROCK
bag : own item
boots : ZARA

写真は、シャツワンピのいいところを100パーセント発揮させたコーディネートです。シャツワンピはこうして、真ん中のほうのボタンを少し留めてはおるのが最強の使い方。今流行のリラックス感を出しながらも、おしりなどの体形カバーになりますし、ボタンを閉めることで、メリハリが出て細く見えるのです。シャツは、カーデよりもハリがあるので、立体感が出て、はおりとしては最強です。

写真は上から3つボタンを開け、4番目から3つボタンを留めています。たいていの服は6つ目のボタンでウエストにくると思いますが、ボタンをちょうどウエスト部分までだけ留めましょう。こうすると、ウエストから下にシャツワンピが体にそって綺麗に広がり、女性らしいラインが出ます。それに脚も長く見えますよ。歩くたびにシャツワンピが揺れて見え方も変わります。

このワザは、シャツワンピでなくても、シャツをはおりとして着たいときにも使えます。同じく、上から4番目から、ウエスト部分までのボタンを留めましょう。留めるのは、たいてい2つくらいです。

中に着るボトムの丈は、シャツワンピと同じか、それより長いものです。**写真はペンシルスカートですが、パンツなど、おしり部分からボリュームのないボトムなら何でもOKです。もし、短いものを着たい場合は、ボタンはすべてあけましょう。**

Gapといえばデニムが有名です。サイズが豊富、形もきれいなので、よくお客さまにおすすめします。Gapは、背の小さい人ならキッズサイズからも選べるし、Gジャンもジャストサイズで着られるものが多くそろっていて、重宝します。

しかし私があえてGapで推したいのは、Tシャツやハット、サンダルなどの夏アイテム。**Gapは、実は夏のアイテムが最強です。**

例えば、Tシャツひとつとっても、Vネックは鎖骨がきれいに見えるちょうどいい深さ。素材もくたっとしていてこなれ感があり、1枚でさらっと着るのにちょうどよく、しかもカラーバリエーションも豊富です。ほかにも、ざっくりとしたコットンのサマーニットもおしゃれなので、夏には何度行っても掘り出しものに出合えるはず。

このGapのとっておきの使い方は、旅行前にちょっとのぞいてみること。おしゃれなハットやビーチサンダルなど、リゾートで使えるアイテムがリーズナブルなので、私はビーチに行く前などは必ずGapに行きます。

デニムのショートパンツにも、ぜひトライしてください。脚を出すのが気になる人は、118ページのようなシャツワンピを上からはおったりしてみると、脚が全開になりませんよ。

Brand column
[Gap]

旅行前は Gap に行く

オフィスで使うジャケットや仕事ではきやすいパンツ、入園、入学、卒業式やお葬式などの「セレモニー」での服は絶対に必要ですよね。

コムサイズムは、そういったきちんとした場所に着ていけるような服が、かなりお手頃価格で手に入ります。

この店の服は、どの服もベーシックな形なので、セレモニー用に買ったとしても、その先にも普段着として使い回せます。安定の日本ブランドで、おまけにカラーバリエーションも豊富。自分に似合う形を色違いでそろえられます。スーツなどもいいのですが、私はセットアップで買うよりは、ジャケット単体、パンツ単体で買うことをおすすめします。それらを組み合わせて使ったほうが、その後もとても使いやすいでしょう。

日本ブランドらしく、素材がしっかりしていて、縫製もとてもいいです。機能性も充実していて、例えば洗えるニットがあったり、着たときに冷たく感じる生地を使っていたりなど、細かいところに「日本の高い技術」が総動員されていますよ！

また、色と同じようにサイズ展開も豊富です。普通の体形からぽっちゃりめの人にまで、ジャストサイズが見つかる嬉しいブランドです。小物も安くてシンプルなものが多く、A４サイズの書類が入るバッグや、セレモニー用のちょっとしたブローチなどのアクセサリーもそろっています。百貨店で探すと高くつくものも、コムサイズムであればしっかりしたものがリーズナブルに見つかるはずです。

Brand column
[COMME CA ISM]

百貨店級の「きちんとした」服が
安定してそろう日本ブランド

白のトートは、軽くするための「抜け感」担当

tops : ZARA（own item ）
pants : UNIQLO
hat : Barairo no Boushi（own item ）
glasses :（own item ）
stole : Chloe（MOON BAT）
necklace : JUICY ROCK
bracelet : Three Four Time
bag : L.L.Bean
pumps : FABIO RUSCONI（Essay）

Tote bag

「白」のバッグはとにかくおすすめです。バッグに白い色が入っているだけで、コーディネートに軽さが出るし、頑張っていない感じになるから。色としても、どんな服と合わせても浮かないし、とにかく「使える」のひと言です。

とくに、白のトートバッグは、キャンバスの素材が出してくれるリラックス感が絶妙。持っているだけで突然「モデルの休日」感が出るのです。

使い方は2通りです。**「カジュアル」に見える度合いがとても高いアイテムなので、写真のようなカジュアルファッションに投入して、「ものすごくリラックス！」といった方向性にするか、逆に、きれいめなコーディネートに投入して、テイストミックスのこなれ感を出すか。**ただ、カジュアル×白トートの場合、靴を先のとがったものにしたり、きれいめの小物を使ったりして「地元着」にならないように注意しましょう。

230ページのワンピーススタイルなどは、黒のレザーバッグを合わせてしまうとちょっときれいめすぎる感じになってしまいますが、トートバッグにするだけで突然こなれて見えます。

カジュアルなものは、よりカジュアルに。きれいめなものには抜け感が出てこなれた雰囲気に。これさえ覚えておけば、トートバッグの合わせ方は完璧です。

白のトートバッグは雑に扱うこと

Tote bag

bag : L.L.Bean

白のトートバッグは、雑に使いましょう。適当に扱うほど、センスよく見えます。キャンバス素材のトートは、物をたくさん入れるため、ざっくり使うためにできています。だから、その通りバンバン物を入れて、地べたに置くのも気にせず、構ってない感を出す。これがいちばんトートのことがわかっている使い方です。

もしこれから買うなら、定番のキャンバス地で、持ち手は黒かネイビーにしましょう。黒であれば子どもっぽくなりませんし、モノトーンコーデにも使えます。ネイビーだと、ボーダーのときと同じように、黒よりもカジュアル感がやや強くなります。

サイズは大きければ大きいほど、ラフな雰囲気になって、休日っぽさが出ます。例えば私も、犬の散歩に行くときは、いつもトートを愛用しています。大きなサイズは、彼やご主人とも兼用できるのもいいところ。228ページで提案したように、旅行に持って行っても大活躍。これひとつあるだけで、機内でもビーチでも便利です。

同じトートバッグでも、196ページくらいの小さめのサイズになると、カジュアル感が少し薄れて、タウン仕様になります。買うなら持ち手は黒かネイビーがおすすめ。しかし、この場合はオール白もかわいいです。

使えるクラッチは「キャメルのスウェード」と「黒のレザー」

Clutch bag

blouse : ZARA
pants : UNITED ARROWS (own item)
shirt dress : AMERICAN HOLIC
hat : hatattack (own item)
necklace : LEPSIM (own item)
bangle : JUICY ROCK
bag : ZARA (own item)
shoes : Le Talon (own item)

クラッチバッグは、持てば持つほどおしゃれになります。もちろん高いものである必要はありません。お店でちょっと心惹かれた、自分の気分があがるものを買いましょう。もし、いちばん使えるクラッチは？　と聞かれたら私は「キャメルのスウェード」と「黒のレザー」と答えます。**この2つは、もともとクラッチの持っている良さが、よりぎゅっと濃縮されているからです。**

まず、キャメルのスウェード素材は中間色なので、何にでも合わせやすいです。やわらかい印象があるため、コーデにリラックスした雰囲気を足すことができます。キャメルの色が持つ温かみも魅力です。女性らしい優しさを感じさせる色です。キャメルはゴールドと相性がいいので、アクセはゴールドと合わせましょう。ファスナー部分もゴールドだとより高級感が出ます。

正統派なコーデに合わせれば上品に見えるし、とことんラフにするなら、エスニック風にも仕上がります。エレガントからカジュアルまでＯＫなアイテムです。

スウェードというと、秋冬のイメージが強いかもしれませんが、この色であれば春はもちろんのこと、夏でも暑苦しく見えません。

黒のクラッチは、クール担当

Clutch bag

vest : GU
tops : Gap
pants : Gap
sunglasses : LOZZa
necklace : Three Four Time
bracelet : Three Four Time
bag : ZARA（own item）
pumps : CARMEN SALAS（WASH）

黒のクラッチは、できる女に見せる魔力を持っています。

そもそも、黒という色は、コーディネートを引き締めることを担当しています。色がたくさんあったり、ふんわりした色が多かったりしたときに、黒い小物を入れると、それらをぎゅっとひとつにまとめてくれるのです。それがさらに、おしゃれ度の高いクラッチともなれば「できる感」がすごい。

パーティのような場にも持って行けますし、今回のコーデのように、リラックス感のあるスタイルに一点投入すると、ぐっと大人っぽくかっこいい印象になります。

素材はレザーがおすすめ。夏でも気にせず、ガンガン使ってください。

bag : どちらも ZARA
(own item)

パステルカラーのバッグは持つだけであか抜ける

Colored bag

t-shirt : AMERICAN HOLIC
knit : GU
pants : UNIQLO
necklace : JUICY ROCK
gold bracelt : LOCATION
leather bracelet : JUICY ROCK
bag : passage mignon
pumps : R&E (own item)

カラーバッグの合わせ方は難しいことを考える必要はありません。

今回のように、**あまり主張しないシンプルなコーデと組み合わせる場合は、そのままポンと、どんな色を入れても大丈夫です。**

逆に、派手な色や柄の服と合わせるときは、その服の中にある色を選んでバッグとリンクさせると、まとまりがよく見えます。

ひとつだけ注意したいのは、バッグと靴の色を合わせるのは絶対にやめること。やりすぎに見えてしまいます。

カラーバッグは、「コーディネートがどこか寂しいな」と思ったときに入れるといいアイテムです。あまり多くの人が使っていないアイテムなので、このバッグは、持っているだけでおしゃれの完成度が高くなります。

色は何でもいいのですが、もしこれから買うなら、パステルカラーのきれいな色がおすすめ。今回は、ピンクのセーターとラベンダーのバッグで、「キキララ」配色をイメージしました。永遠の女の子色です。優しく、かわいらしく見せることができます。女の子らしい色を使っても、バッグもカーデも形自体がシンプルなので、幼かったり痛々しく見えることはありません。

カラーバッグは「服屋」で買おう

Colored bag

bag : passage mignon

お客さまにもよくおすすめするカラーバッグですが、バッグ専門店ではなくて、普段自分がよく行く洋服のショップで探してみると、いいものに出合えます。

というのも、洋服屋さんで売っているバッグは、トレンドをおさえていて、しかもデザインのクオリティに比べて安いから。お値打ちなのです。しかも、そのブランドのファッションに合わせやすいといいことずくめ。

ファストファッションでいうと、GUとZARAは、とくにバッグが優秀です。カラーバッグも、数千円から手に入ります。

バッグを選ぶときのポイントは、「金具」です。これが安っぽくないものを選ぶこと。値段のことを言っているのではなく、金具の印象が安っぽさを大きく決めてしまうのです。避けたいのは、金具部分がイエローっぽくギラギラしているもの。ツヤ消しのものや、あまり派手にギラついていないものを選びましょう。

色は春夏なら、ラベンダー、ピンク、イエロー、ミントグリーン、ブルー、朱赤などの爽やかな色。秋冬なら辛子色、ボルドー、深いブルーなど、少しこくのある色がかわいいです。季節の変わり目にいち早く、その季節を感じさせるカラーバッグを取り入れると、とてもおしゃれな人に見えますよ。

チェーンバッグはネックレスだと思う

Chain bag

shirt : GU
knit : GU
pants : Gap
belt : GU
necklace : JUICY ROCK
pierce : GU
bag : Mystrada
pumps : REZOY (own item)

チェーンバッグの鉄則は、このバッグを「アクセサリー」だと思って持つことです。**なぜかというと、「チェーン」自体が立派なアクセサリーだからです。**

だから、チェーンバッグを斜めがけにする場合は、胸元のアクセサリーはなしにしてください。斜めがけにしない場合でも、チェーンの主張があるので、胸元のアクセサリーはさらっとシンプルなものにしましょう。または、耳と腕にだけつけるだけで十分です。アクセサリーとして扱う、ここが最大のポイントです。

また、アクセサリーとして使うので、小さければ小さいほどかわいいです。中に入れるお財布を小さいものにチェンジするといいですよ。面積が小さいので、思い切り派手なカラーや柄を選んでアクセントに使ってください。もし、荷物が全部入らない！というなら、シンプルな白や生成《きな》りのサブバッグとの2個持ちがおすすめです。

今回のコーデに使ったチェーンバッグのように、少しくすみのあるグレーがかったピンクをダスティピンクといいます。今年はこのダスティ系のパステルカラーが人気なので、気に入ったものを取り入れてみるのもおすすめ。「中間色」なので、どんなコーデにも使いやすいです。写真では全身白のコーデに合わせています。

チェーンバッグのチェーン部分はゴールドにする

Chain bag

(from right side) : CHILLE anap (own item) ,
ZARA (own item) , Mystrada, Three Four Time

チェーンバッグが持つかわいさは、何よりも小さいところ。小さいバッグの身軽な雰囲気は、女性にしか出せない魅力です。ぜひ、思い切って荷物をあれこれ持つのをやめてでかけましょう。セレブ気分を味わえます。

面積が小さい分、カラーや素材はとことん遊んでOK。コーデを華やかにします。写真のようなビビッドなピンクや黄色は、差し色に使いやすい色です。普段着に合わせてもかわいいですし、パーティなどでも活躍します。朱赤もおすすめです。

レオパード柄は、コーディネートをぴりっと辛口に引き締めます。インパクトがある割に茶色といった中間色も入っているので、合わせやすくて便利。レオパードは、顔まわりにあるときつい印象になってしまうので、ストールなどは避けてほしいのですが、バッグや靴にレオパードが入っていると、コーデが辛口になっていい女オーラが出るのでおすすめです。

これらチェーンバッグは、肩からかけてもかわいいですが、斜めがけにしてもいいでしょう。こうするとチェーンが主役になります。

いずれの場合も、チェーン部分はゴールドがベスト。女らしさが出ます。そして、同色のゴールドのアクセサリーと合わせるといいでしょう。ただし、普段使うアクセサリーがシルバーのほうが多い人であれば、チェーン部分がシルバーでもOKです。

「毎日バッグ」はスモーキー色だと華やかでどんな服にも合う

Work bag

shirt : 無印良品 (own item)
skirt : H&M (own item)
bag : Three Four Time
glasses : ViKTOR & ROLF (own item)
scarf : Mystrada
earrings : JUICY ROCK
bangle: Jines
pumps : REZOY

平日に通勤などで使う、大きな「毎日バッグ」は、何を使っていますか？

前著で、私はこういったバッグは「白」がいいとおすすめしました。お客さまの家で見かけるのは黒か茶色が多いのですが、これらの色はどうしても堅苦しい印象になりがち。でも、「白」だと抜けが出るのです。なぜみなさんが黒や茶色のバッグを選ぶかというと、どんな服にも合わせやすいからだと思うので、「白」でその問題も解消します。合わないコーデはありません。

そして、おすすめの形は「角のないバッグ」。形の印象も大事で、角がないだけで堅い印象もなくなるので、毎日使うバッグとしてはぴったりです。


今回おすすめするのは白に追加して、「スモーキーカラー」のバッグ。**スモーキーカラーは、色に白が入っているので、「中間色」のようにどんなコーデにも合いやすいのです。**印象も華やかになります。もちろん、角なしのものを選んでください。

写真のコーディネートはシャツ×ペンシルスカートのかっちりとした組み合わせです。こういったコーデも、いつものバッグをスモーキー色の角なしバッグに替えると抜けが出て、センスのいい通勤スタイルができあがります。

毎日使うバッグは、スモーキーカラーで角が丸いもの

Work bag

(from right side) : Three Four Time,
Three Four Time, DECORUS

先ほど、「スモーキーカラー」のバッグをおすすめしましたが、ぱきっとした原色ではなく、グレージュや渋めのグリーン、ピンクなど、少しスモーキーがかった色のバッグは、ペールトーンのカラーと同様トレンドなので、一気に旬顔になります。といっても、流行りすたりがある色ではないので、来年以降もおしゃれに持てますよ。

カラーバッグといっても、**グレーがかった発色のスモーキーなバッグであれば、落ち着いているので会社などでも浮きませんし、遊びすぎた印象にもなりません。**シャツやジャケットといったオフィスの定番ファッションにも、ケンカせずに似合います。黒いバッグを持ってしまうと、どうしても強すぎる印象になってしまいますが、男性が持てないこのカラーなら近よりやすく親近感も湧きます。

また、オフィスだけでなく休日のカジュアルファッションにもOKです。角がないのでデニムやTシャツなど、カジュアル代表アイテムにも溶けこみます。トートバッグほど、くだけすぎたくないときに使ってください。ただし、カジュアルファションをしたときに、色が強いなという場合は、コーデの方をベーシックカラーでまとめるといいでしょう。

最強の中間色、グレージュのパンプス

Grege pumps

pumps : CORSO ROMA9（ESSAY）

もし今持っていなかったらぜひ手に入れてほしいのが、グレージュのパンプスです。本当に暑い真夏をのぞいて、一年中使えます。

グレージュというのは、その名の通り、グレーとベージュの間のような、曖昧な色のこと。グレーとは黒と白の中間色ですから、グレージュは黒にも白にも、もちろんグレーやシルバーにも合います。そして、ベージュは茶色と白の間の色ですから、ブラウンやゴールドなどにも似合うのです。つまり、ほとんどすべての服の色に合わせやすいのがグレージュの魅力です。

そして、このどっちつかずの曖昧な色が、あやうくて、色っぽい雰囲気を生みます。例えば、シンプルな白シャツに黒のペンシルスカートを組み合わせた場合、ここに黒のパンプスだと、仕事のできる強い女性のイメージになります。でも、グレージュのパンプスを合わせてみると、それだけで女性らしいやわらかさが生まれます。ほかにも、ピンクのとろみブラウスに、白のパンツを合わせたシンプルなコーデなどでも、足元をグレージュのパンプスにすると、突然大人っぽくレディな雰囲気になります。

コーデがしやすいのに、セクシーさも生む。グレージュのパンプスは本当に使えます。

スニーカーはコンバースの白とナイキの黒で完璧

Sneakers

white sneakers : CONVERSE（own item）
black sneakers : NIKE（own item）

私はコンバースの白がない人生は考えられない、と常々言っているのですが、これは本当に鉄板アイテムです。普通ならパンプスを合わせるようなきれいめコーディネートのとき、**足元を白のコンバースにするだけで突然海外モデルのようになるので、**常にヘビロテしてします。「足元に白」は、それだけでおしゃれの象徴です。

これが必ず持っておいてほしいスニーカーですが、もし2足目に買うなら、ナイキのブラック。72ページのようなモノトーンコーデの主役にしたり、202ページのコーデのように引き締め役で使ったりします。黒と白だけでまとめると、どんなにカジュアルでも大人のスタイルになる、と前述しましたが、まさにこのスニーカーにも当てはまります。黒の中に白のラインがあるのが絶妙で、この白のラインが入っていることで、足元が重くなりません。白黒の2色といっても、ベースは白と黒であるなら、ポイントで色が入っていても大丈夫です。

雑誌でもよく特集されるのはネイビーのスニーカーですが、ネイビーは本気のスポーツマンのように見えて、意外と使いこなすのが難しいアイテムです。迷ったらコンバースの白とナイキの黒、覚えておいてください！

インソールで脚の長さ自由自在！

インソールなしだと短く見えちゃう！

インソールありだとこっそり脚長効果！

コンバースのスニーカーの中には、こっそりインソールをしのばせてください。このインソールを入れたいからこそ、ローカットではなく、ハイカットのコンバースを選んでいるのです。

インソールの威力は絶大です。誰にも知られずに、膝下が長くなります。「身長が低いから、ヒールのない靴は履けない。だから、スニーカーも履かない」という人には、とくにこのインソールがおすすめです。また、ヒールがある方が足が疲れづらいという利点もあります。

身長にもよりますが、背の高い人なら2センチくらい。身長の低い人や、より脚を長く見せたい人は3.5センチくらいのインソールを入れるのがいいでしょう。**断言しますが、3.5センチまでのインソールは絶対にバレません。**

インソールは靴屋や、東急ハンズなどどこでも買えます。テープがついているものもありますが、とくに固定して使わなくても大丈夫です。日によって、いろんな靴に入れ替えてしまってもいいくらい。

スニーカーだけではなく、ヒールのないブーツを履くときなども、このインソールで脚長効果を手に入れてください。一度使ってみると、やみつきですよ！

サンダルは黒、赤、ぺたんこの3足

Sandals

(from top) : CARMEN SALAS (WASH) , MOUSSY (own item) , Cry. (own item)

夏に活躍するサンダルは、黒、赤、ぺたんこ。この3つさえ持っていたら、無限のコーディネートができます。

まず夏はヌーディーな足元がセクシーです。ぺたんこのサンダルで足を出してください。このとき、ゴールドやシルバーなどのメタリックカラーを選ぶと、カジュアルすぎず洗練された印象になります。ぜひペディキュアをして履いてください。

赤のサンダルは、アクセントで使いましょう。**赤の靴は、それだけで主役になります。**ブルーデニムにもホワイトデニムにも合いますし、200ページのようなトリコロール（赤・白・青）のコーディネートでも使えるので、1足持っていると、思った以上に使えます。ひとつだけ注意してほしいのは、**赤い靴を履いたら、ほかの部分では絶対に赤は使わないこと。**赤を一カ所だけにすると、そこだけ特別感が出ます。

そして**黒のサンダルはコーデを引き締め、高級感も漂わせます。**モノトーンコーデにはもちろんのこと、デニムに合わせると、デニムがクラスアップして見えます。

ときどきオープントゥ（指が見えるタイプ）のパンプスはどうですかと聞かれるのですが、これは結局真冬には使えないので、普通のパンプスを買ったほうがお得です。どうせ足元を出すなら、サンダルのほうが季節感が出て、おしゃれに見えます。

おじ靴は、くるぶし丈のソックスをはく

Oxford shoes ＋ Socks

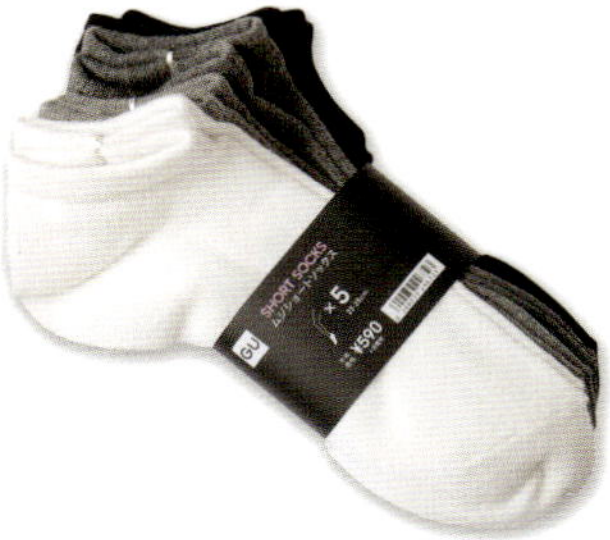

shoes : Le Talon (own item)
socks : GU (own item)

NG
おじ靴には、くるぶし丈のソックスが合います。これは、テーパードパンツやAラインスカートなどの足首を見せたいコーデのときにおすすめ。
靴下の色を、黒にすればコーデが締まり、中間色のグレーにすればなじみます。派手な色の靴下は合わせにくいので、カラーを使うなら、ボルドーやモスグリーンなど落ちついた色を選んでください。

アクセ3点セットをつくっておくと安心

もし、毎日アクセをつけない人は、今すぐつけてください！　アクセサリーは習慣ですので、しないと落ち着かない、というくらいになるともう上級者です。

アクセサリーは3点セットをつくっておくと安心です。ネックレス、大きなフープピアス（イヤリング）、バングルの3つです。身に着けるアクセは、素材が共通していればあか抜けて見えますし、全体の統一感も出ます。すべてゴールド、すべてシルバーでそれぞれそろえましょう。

これらは、下の写真のようにシンプルなものがいいでしょう。さまざまな服に合わせやすいです。また、Vネックのニットなどには、ロングネックレスの代わりにお手持ちの同色のプチネックレスを使ってください。

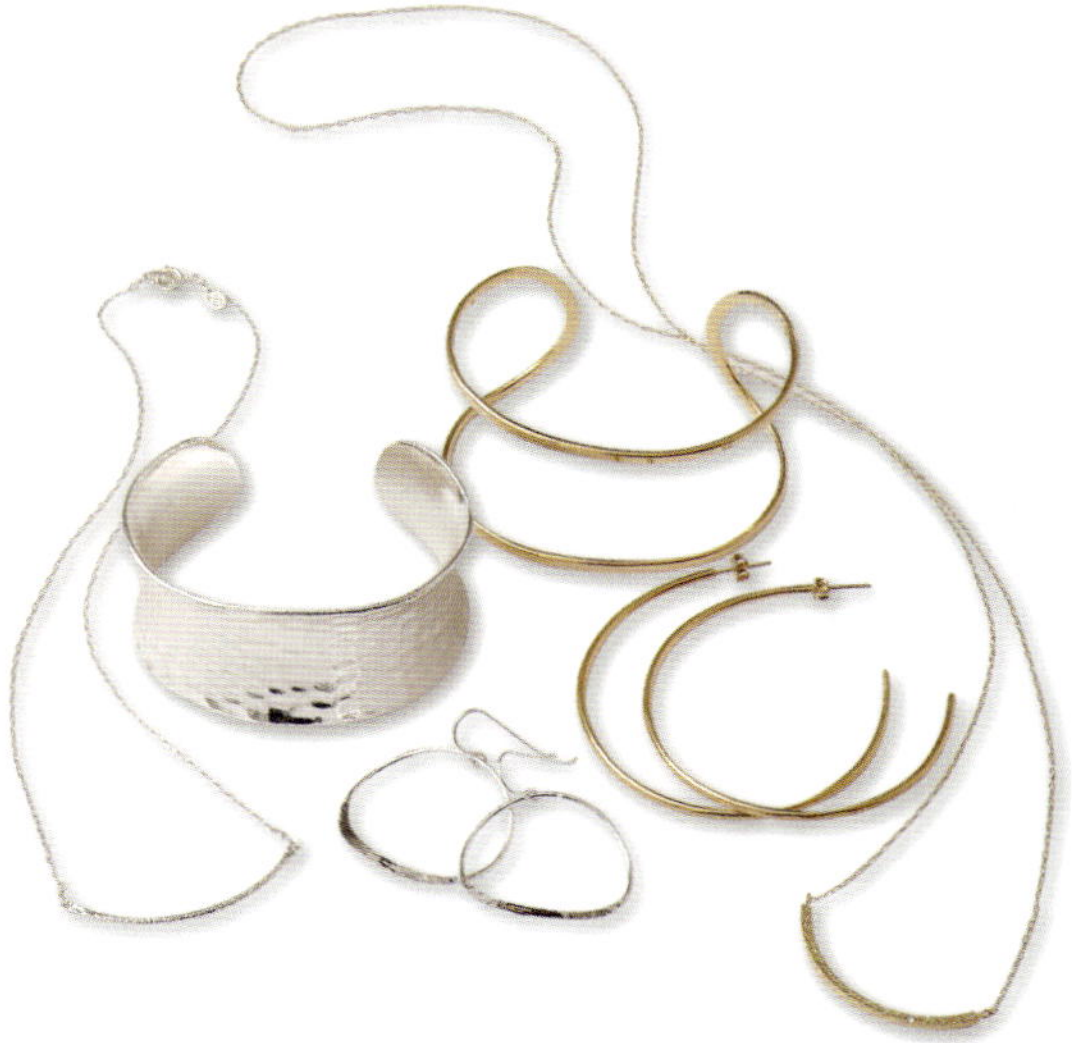

（all）/JUICY ROCK

結婚指輪は、シンプルなゴールドを

私は、「手はひとつの物語」と考えています。指輪は、コーディネートにも、ほかの部分のアクセサリーにも関係なく、好きなものをつけて構いません。もちろん、素材や色も関係なく、シルバーもゴールドも混ぜてＯＫ。**女性らしく温かみのあるのがゴールド。シルバーやプラチナなら知的でクール**。これだけわかっていれば十分です。

指輪は重ねづけが魅力。女性の手特有の華奢さや丸みを目立たせることができます。細い指輪はまとめ買いしても数千円で手に入りますので、いろいろ楽しんでみましょう。関節につけるファランジリングもおしゃれです。タブーはありません。

意外とお客さまから質問が多いのが、結婚指輪。プラチナが定番だと思いますが、もしこれから選ぶのであれば、ゴールド、しかもシンプルで華奢な細いタイプをおすすめします。**なぜなら、細めのゴールドは、アクセサリーをつけているのを忘れそうなほどの存在感なので、他のリングとも合わせやすいからです。**結婚指輪は毎日つけるものなので、重ねづけの基本にできるものがいちばん。結婚10年、20年の記念に、細い指輪を買い足していくのもいいですね。ただし、男性の場合は、どうしてもゴールドだとギラギラして見えます。どこかにデザインをリンクさせた、クールなシルバーやプラチナがおすすめです。

大きなピアスは高価なネックレスよりも価値がある

gold pierce : own item
pearl pierce : LOCATION
feather pierce : Three Four Time
fringe pierce : own item

アクセの中でも、とくに持っておくといいのが大ぶりのピアス（イアリング）です。サイズにして2.5センチ以上。こんなに大きくていいの？　というピアスで構いません。

ネックレスに比べて、ピアスはどんなに大きいものをしてもケバく見えません。よくニュースキャスターが大きなピアスをしていますが、派手なネックレスよりも、知的な印象になります。**大ぶりのピアスをつけるときの鉄則は、絶対に大ぶりのネックレスと一緒にはつけないことだけ。**大ぶりピアス×ノーネックレス、この潔さがおしゃれに見えます。でも、全体的には寂しく見えてしまうので、ブレスレットはしましょう。華やかさが出てちょうどいい塩梅《あんばい》になります。

スカーフで大事なのは「縁《ふち》の色」

Scarf

beige scarf : own item
white scarf : Mystrada
blue scarf : GU

スカーフを買うときに気をつけるのは、縁の色だけ。結んだときにいちばん目立つ部分が縁なので、ここが、ベージュ、ネイビー、グレーであれば、どんな服でも似合います。縁が赤のスカーフも定番ですが、大人は赤よりもこの3色が使いやすいでしょう。

スカーフをつけ慣れていない人は、最初はバッグにつけるのがいちばん簡単な取り入れ方。小さめのリボンをきゅっと結ぶようにしてつけてください。首に巻くときは、上の写真のような、シンプルなアフガン巻きといわれる巻き方で。首にぐるっと回して、前で結ぶ簡単な巻き方です。**スカーフは巻き方を凝れば凝るほど、なぜか野暮ったく見えるもの。**さらっと巻いてくださいね!

ストールは巻いたあとに下に引っ張ってアキをつくる

Stole

(from right side) : GU, COMME CA ISM,
Chloe (MOON BAT),Gap

ストールを巻くのは、首にボリューム感を出し、見ている人の目線を高くもってくるためです。だから、ボリュームを出すために、幅がしっかりあるものを選びましょう。素材はやわらかくハリのないものを。そうするともたつきません。**ガーゼのようなやわらかさがベストです。**

まず、色はカーキやグレー、薄い水色や朱赤などがおすすめ。寒色系のストールを巻きこなせる人は「いい女だな」という感じがしませんか？　逆に、暖かい色味は、肌がきれいに見えます。柄を選ぶときは、中間色が入っていると多くの服になじむので失敗しません。

巻き方は、これも凝るとダサく見えます。おすすめなのは、さらっと巻き、首元を下に引っ張って、鎖骨を見せる巻き方のみです。

ハットが似合わない人は見たことありません

Hat

(from top) : hatattack (own item),
Barairo no Boushi (own item),
eleonorabarzan (MOON BAT),
SORBATTI (Jines)

深くかぶるとクールでボーイッシュ

浅くかぶると女性らしい雰囲気

コーデに困ったとき、とりあえず私はハットをかぶります。ハットはそのくらい何にでも合うし、華を添えてくれる小物です。

ハットはストールと同じく、**目線を高くあげて見せる脚長効果があります。**かぶったことがないので難しいという人もいますが、とりあえず、かぶってみてください。ハットの形は、どんな人にも似合います。

まず、第一におすすめなのが、春夏のためのストロー素材のハット。白っぽいものはきれいめの服にも合わせやすく、茶色っぽいものは少しカジュアルでガーリーな印象になります。

メガネの印象は、その人の顔の印象

Glasses

navy color glasses : own item
tortoiseshell glasses : LOZZa

ネイビーは、知的でスマートな印象

べっこうは、やわらかさと女性らしさが出る

「大きく印象を変えたい」というお客さまがメガネをかけていらしたら、まず私はメガネ屋さんにお連れします。メガネをかけている人は、その人の顔ではなく、メガネを覚えられていることが多いもの。つまり、**メガネの印象がその人の印象なのです**。もちろん、目が悪くなくても、雰囲気を変えたり、顔を小さく見せたり、メイクなしの顔をごまかしたりなど、いろいろ使えます。

メガネは、最低2つ持っていてほしいです。安いもので構いません。**女性らしいべっこうタイプと、知的な印象のネイビー（または黒）**。この2本があればそれぞれの雰囲気も変わる上、たいていの服に似合います。人によって似合う形が全然違うので、たくさん試着してベストなものを手に入れてください。

夏はカップつきベアトップがいちばん

Bare shoulder top

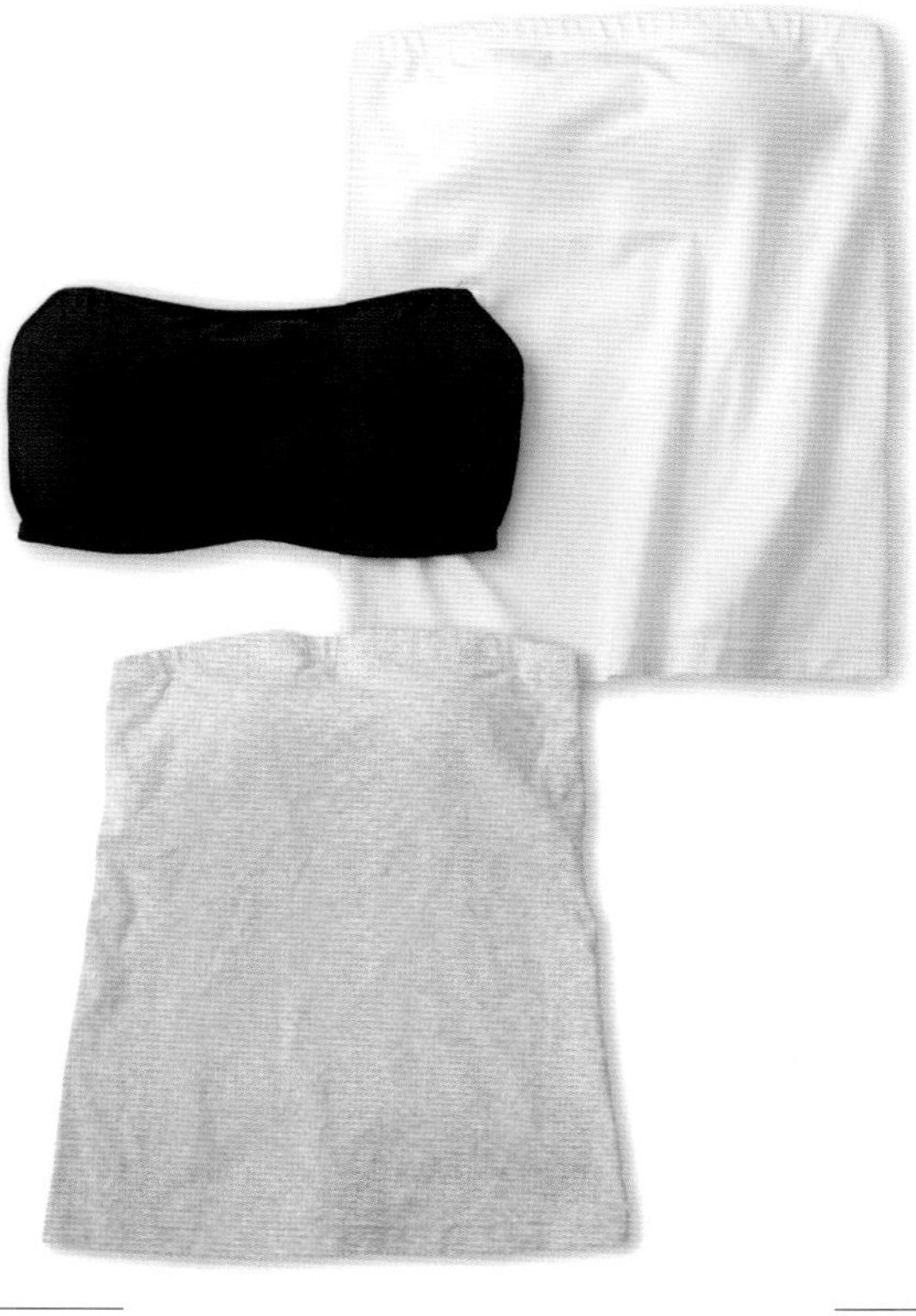

(from top) : UNIQLO, PEACH JOHN, own item

とても聞かれることが多いのが、インナーについて。とくに、夏は気になりますよね。いちばん活躍する下着は、ブラカップつきのベアトップです。私は夏はほとんど毎日これです。

大人の女性にとって「紐」は敵です。ノースリーブや、脇が大きく開いている服を着たときに、ブラの紐が見えると興ざめです。透明のビニールのブラ紐も、チープに見えちょっといただけません。こういうときはブラジャーはやめて、このカップつきベアトップにチェンジしましょう。また、私はキャミソールもほとんど使いません。インナーを買うときに迷ったら、ブラの紐を隠すタンクトップにしましょう。

色はとりあえずグレーです。万が一見えても下着感がありません。その次に持つなら白と黒。白は上に薄い色のものを着たり、さわやかにまとめたい場合に使い、黒はワンピースやパーティドレスを着る際や、シックにまとめたいときに使います。

胸が薄くて落ちてきそうだと言う人がいますが、ベアトップは胸の大きさとは関係ありません。ゴムでおさえるのは、ワキの下の部分です。誰でも落ちてくるということはありませんから心配しないでください。もうひとつ、ベアトップとともに使えるのが、水着です。水着をブラ代わりに使うと、なぜか色気大にならず、絶対にガードするので、露出の大きなワンピースを着るときなどに使える裏ワザです。

パンプスの下にはいていいソックスはこちら。**レースのついていないシンプルな黒がいちばんです。**パンプスを履いたときに、靴下がほぼ見えないくらい浅い履き口のものを選んでください。パンプスのデザインをきれいに生かせますし、靴下で足の肌が分断されないので、その分、肌色の面積が大きくなって、脚も長く見えます。

靴下をはくことに抵抗がある場合は、素肌感のあるパンストでもＯＫです。

パンプスにはく靴下は
レース禁止

Column 03

パンプスには、レースの靴下は禁止です。一気におばちゃん臭と生活感が出てしまいます。**コンビニにも売っている定番ではあるのですが、買ってはいけません。封印です。**

レースのソックスに限らず、パンプスの履き口から大きくはみ出してしまうソックスはすべて避けてください。パンプスは裸足の上に履いているかのように見せるのが鉄則です。

ORiental TRaffic

リゾイは渋谷 109 にある R & E のお姉さんブランド。**きれいめの女性らしい靴が上手です。**かかとを支える部分に安定感があって、ヒールが高くても歩きやすいのが特徴。6000 円台で手に入るので、黒やグレージュのような定番色はもちろんのこと、カラーパンプスを買いたいときにも重宝します。

オリエンタルトラフィックの何よりの魅力はサイズが豊富なところ。そして、靴擦れなど起こしにくいようにしっかりつくられているところです。サイズは、22 ～ 26 センチくらいまでそろうので、今までサイズのせいでほしい靴が手に入らなかった人は、行ってみてください。質がよく、流行ものを上手につくっているのは、国産ブランドならではの安定感です。

Brand column
[Le Talon / REZOY / ORiental TRaffic]

おじ靴はルタロン、
パンプスはリゾイ、
流行ものはオリエンタルトラフィック

Le Talon

REZOY

ハイブランドで特別な靴も素敵ですが、靴は持てば持つほどコーデに幅が出るので、プチプラブランドでときめいたものを買うのもおすすめです。中でも、私がお客さまをよくお連れするのが、ルタロン、リゾイ、オリエンタルトラフィックの3つ。この3ブランドは、値段の割に使える靴が多くて、2足、3足とまとめ買いするお客さまもよくいらっしゃいます。

ルタロンは、なんといってもおじ靴。8000円台と価格帯が安すぎず、高すぎずちょうどいいので、お客さまをよくお連れするブランドのひとつ。ディティールもしっかりしています。かかとがラバーソールなので、歩いたときの返りがよく、履き心地が抜群なのがいいところ。エナメル素材は汚れにくく、226ページのように雨の日にはレインシューズの代わりに使えます。

アースミュージック＆エコロジーというと、日本全国のショッピングモールに入っているのではというほどの有名ブランド。しかし、10代～20代前半向けなので「自分には関係ない」と思う方も多いかもしれません。

確かに、アースミュージック＆エコロジーは、若い人たち向けのブランドです。でも、考えてみてください。**若い人がターゲットというのは、それだけ時代の流行をいちばん取り入れているということでもあります。しかも、安いはずですよね。**こういうお店で狙うのは、アクセサリーです。

持っている定番の服を土台に、トレンドや季節感をおさえたアクセサリーを身につければ、すべてのコーデが最先端に見えます。アクセサリーはぜひいろいろ遊んでほしいのですが、このブランドは低価格なので、負担にならずぴったりです。ファッションのポイントになるような、ちょっとひとクセあるアイテムが安く買えます。

ここで紹介しているフリンジつきのネックレスは、春夏の流行であるボヘミアンテイストですし、ターコイズのネックレスは夏、シンプルなTシャツに合わせて重宝するはずです。真ん中の無機質な雰囲気のネックレスはまさに今年っぽいデザイン。クルーネックニットやジャケットスタイルにも似合います。

リゾートに持って行きたいようなものから、タウンでも使えるきれいめなアイテムまでそろっていますよ！　ぜひのぞいてみてください。

Brand column
[earth music&ecology]

アクセサリーは
トレンド&安いがいちばん

Chapter

#02

このテクニックさえ知っていれば、毎朝困らない

Chapter #02 | このテクニックさえ知っていれば、毎朝困らない

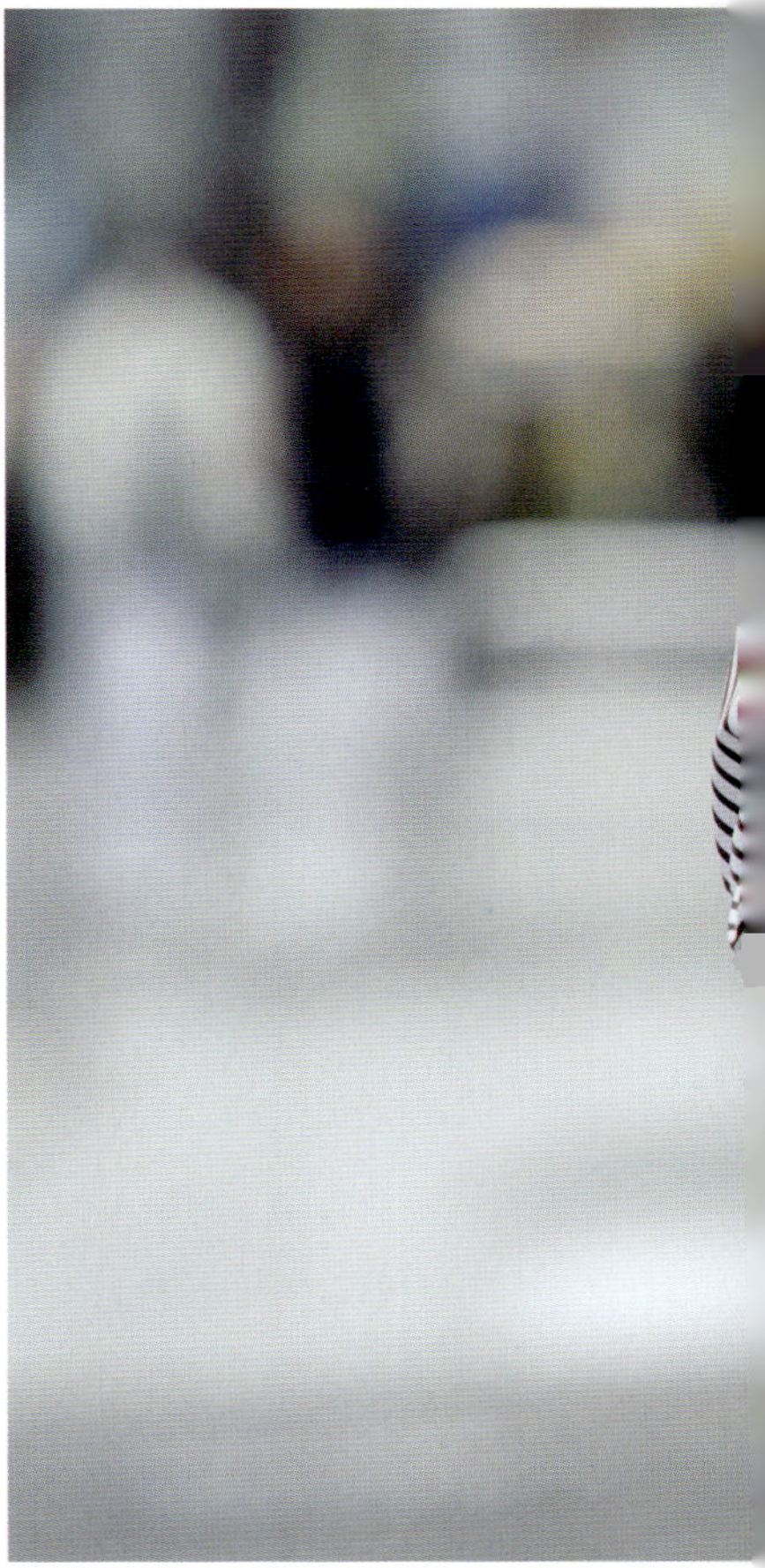

コーデでいちばん最初に考えるべきは「女性ウケ」がいいこと

私のコーディネートの究極のゴールは、同性の女性から見て「あの人、センスがいいな」「おしゃれだな」と思われることです。**洋服を組み合わせるときは、常に「女性に好かれる」ことを意識するのがいちばんうまくいくように思います。**

それは、女性に好まれるコーディネートというのは、「自分らしい」コーデにつながるからではないかと思うからです。それも、女性との関係性の中で褒められるくらいのコーデですから、バランスの取れた、その場にあった気配りのできるコーディネートのはず。自分らしくて、人からも好感度が高い。それが大人のコーデなのではないかと思います。

きっと、男性に好かれるコーディネートだけが好きな女性というのは、いないのではないでしょうか。たまに「今日はデートだから」とチョイスすることはあっても、それも「自分らしくいられる」中のうち。自分らしくいられる大人のおしゃれの基本は、「女性ウケ」を考えると失敗することはありません。

この人素敵だな、と思う人のコーデには「清潔感」と「品」があります。華やかであってもケバくはない。セクシーであってもエロくはない。女性の目から見て、無理をしていなければ、清潔感と品は必ず添えられます。

例えば、ピンクなどの甘い色を着たいときは、シャツやジャケットと合わせて、どこかに「カッコいい」要素をつくることを心がけたり、全体では決して露出度は高くないのに、ベージュの深いVネックでほのかにセクシーさを漂わせていたり……。テクニックを知っていれば簡単です。

さらに、ここで必要なのはさりげなさ。「なぜだかおしゃれに見える」というのはとても素敵です。それは、全身のテイストをぴっちり統一しないことで生まれます。きれいめにならカジュアルを足し、逆ならきれいめを足すといった、テイストを混ぜることでさりげないおしゃれを見せましょう。

女性から好かれると、必ず男性からも好かれます。まずは、女性に好感度の高いコーディネートを心がけると、失敗しません。

服は「共存」している

もうひとつ、コーディネートをする上で大事なことがあります。

それは、アイテムを仲良く「共存」させることです。

例えば、Vネックのニットにロングのネックレスを持ってきてしまうと、同じVがかぶってしまいますよね。せっかく見せたいものがこれでは目立たなくなってしまいます。こういうことが起こらないように、「ひとつの場所で、ひとつだけ輝く」ようにコーディネートしましょう。**それぞれのアイテムが、自分の持ち場できれいに見えるようにするといいのです。**

Vネックのニットを生かしたいなら、プチネックレスやピアスにしたほうがいいですし、ロングネックレスを生かすのであればクルーネックのニットにするのがいいでしょう。そう考えれば、シャツにロングネックレスも禁止。ボタンとネックレスがケンカして見えるからです。

お互いがお互いを尊重する状態にすると、自然とそれぞれのアイテムが輝いて見えます。

コーデの主役は日によって変える

お客さまを見ていて思うのですが、コーディネートがマンネリ化してしまう人は、いつも着る服をトップスから決める傾向があります。

例えば「今日は白シャツを着よう」と思って、それに合うボトム、靴、バッグ……という順番で思考すると、どうしても同じ印象のコーディネートになってしまいます。

だから、**マンネリが気になってきたら、コーディネートの主役を変えてみましょう。**

主役をボトムにしたり、小物にしたりしてみてください。こうするだけで、いつもと違う雰囲気の服が着られます。

主役を変えるコーデの方法は簡単です。

例えば今日は赤い靴を履きたいと思ったら、その赤い靴に合う服を、近いところから決めていきます。「赤を引き立たせるネイビーのスカートにしよう」などと靴に近いボトムを決め、それに合ったトップスを選ぶといった具合です。「このアイテム、使ってみたい」と思うものを主役に決めると、コーディネートに迷うことも少なくなります。

しっくりしないコーディネートの原因はたいてい靴

「今日のコーディネート、どうしてもうまくまとまらない」と思ったときは、たいてい靴に問題があります。

とくに、リラックス系のコーディネートで家を出る日は、靴まで履いての全身のバランスチェックが重要です。自分では「抜け感のある女性」をイメージしていても、鏡に映してみたら「単に手を抜いているらくちんな格好」になっていることがあります。

そういうときはスニーカーではなくヒールのある靴を合わせたり、つま先がとがったポインテッドトゥの靴にチェンジするだけで、あか抜けた印象になります。**ヒールもポインテッドトゥも「鋭角」なイメージ。どこかに角をつくることで、コーディネートがぴりっと引き締まります。**

だから、家を出る前は、全身が映る鏡で、その日のバッグなどをすべて持ち、靴をチェックするのがおしゃれ度が格段にあがる近道。

ですので全身が映る鏡は、衣装部屋ではなく、玄関に置いておきましょう。頭の中で思い描いたものと客観的に鏡で見た自分の姿には、ズレがあるものです。

トレンドと上手につきあう

前の項でも書きましたが、流行の移り変わりは、ボトムの形で決まります。

お客さまのおうちにお邪魔してワードローブを拝見し、「これ、2年くらい前に買いましたか？」などと言うと「どうしてわかるんですか？」と驚かれるのですが、ボトムには、それくらいトレンドが反映されるのです。

例えば、パンツの太さひとつとっても、最近はガウチョといわれる裾広がりのパンツからはじまって、92ページで紹介したような幅の広いワイドパンツがトレンドになってきています。


ですから、今年らしい雰囲気を出したいと思ったら、ボトムです。今であれば少し長めのミモレ丈といわれるスカートや、ワイドパンツをはくと、それだけで今年っぽさが出ます。

ボトムに比べて、トップスは流行にさほど左右されません。シャツやセーターの形が突然変わることは少ないですし、定番のものは長く定番として根づいています。ト

レンドに合わせて買い替えていくのがボトムだとしたら、トップスは気に入った1着を長く着て、傷んできたらまた同じようなものを買う、というイメージでしょうか。

また、何か特徴だったアイテムが流行することもあります。それは、「○○というブランドの○○」など、限定的なもの。こういうものの流行は、ボトムよりも期間限定の可能性が高いので、「今の時期にたくさん着ておく」などという楽しみ方がおすすめです。

リボン、フリル。フェミニンアイテムは小物で取り入れる

いわゆる「かわいい女の子」の象徴であるリボン、フリルは、大人の女性にとっては敵です。

例えばフリルなど、いかにも甘すぎる「女の子」の素材は、大人の女性が身に着けるとちょっとイタい印象になることも。いかにもなかわいらしさは卒業して、シンプルな服を使って大人の女らしさを意識することで、品や嫌味のないセクシーさを出せるようになります。

インナーについているフリルやレースも不要です。胸元からちらっとのぞくインナーにフリルやレースがついていると、急に安っぽく見えてしまいます。ぜひプレーンなものを着てください。

特にリボンは、フリルほどではないですが、取り扱いには注意が必要です。ワンポイント程度であればいいのですが、リボンが全面に押し出されたデザインのものは、

子どもっぽくなりすぎてしまうのでやはり避けたほうがいいでしょう。

もし、どうしてもリボンモチーフが好きという場合は、バッグや靴、アクセサリーなどの小物なら大丈夫。面積の小さい部分でさりげなくアクセントになるくらいであれば、大人っぽさも失われませんよ。

女の子らしい代表格の色といえば、ピンク。でも、色は大丈夫です。シンプルな形でさえあればＯＫです。

ただし、チュールスカートのように、それだけですでに女性らしいアイテムは、ピンクのような色を選ぶのは避けましょう。形や素材が甘い服は、ベーシックカラーや寒色にするなど、「色を落ちつかせる」と覚えていてください。

コーディネートの基本は「女子ウケ」を目指すと伝えましたが、こういったフェミニンアイテムの取り扱いに注意するだけで、自然と女子ウケもよくなりますよ。

ミルクティコーデを召し上がれ

blouse : TITE IN THE STORE
pants : Gap
necklace : earth
music&ecology Natural Label
bracelet : LOCATION
bag : Hashibami（Jines）
pumps : REZOY

この章では、朝に服を決めるときに知っておくと困らないコーデのテクニックをお伝えします。まずはこの「ミルクティコーデ」。**その名の通り、ミルクティのような色味でつくるコーディネートのこと。**白、ベージュ、キャメルと薄い茶色のみで全身を統一したものです。

上品な優しさが強調されるからでしょうか。女性から好印象なのはもちろんのこと、男性からも人気のあるコーディネートです。

今回は、ベージュのとろみトップスに、ボトムは白、バッグと靴も同系色でそろえました。やはりアクセサリーはシルバーではなくゴールドを合わせましょう。ゴールドのイエローがかった色が、ミルクティの茶系と同色で相性がいいのです。

これ以外にも、白のニットにホワイトデニム、ベージュのパンプスでベルトを茶色で引き締めるといったようなコーディネートもいいですし、小物にレオパード柄のクラッチを合わせたり、べっこうのメガネを合わせるのもおすすめです。

難しいことは必要ありません。白、ベージュ、キャメル、薄い茶色で全体を統一すれば、即、愛されミルクティコーデができあがります。

同色コーデはいきなり「センスのいい人」に格上げされる

Jacket : Gap
shirt : 無印良品（own item）
skirt : Littlechic（THE SUIT COMPANY）
glasses : LOZZa
bracelet : Three Four Time
sneakers : CONVERSE（own item）
bag : LANDS' END

簡単なのに、「センスのいい人」と思われるのが同色コーデです。いちばんに覚えてほしいワザです。ルールはたったひとつ。似た色の服を合わせる。それだけです。簡単ですよね。

それでも必ずセンスよく見えるのは、「同色コーデは難しい。おしゃれな人がするもの」という先入観があるからです。

右のページで紹介しているのは、ブルーの同色コーデです。

ブルーのストライプシャツに、ブルーのスカート、ブルーのGジャンを組み合わせているだけ。バッグにはネイビー（これもブルーの同色です）のラインが入ったトートバッグを合わせていて、ここまで全部同色でコーディネートしています。コツはまったく同じ色を合わせないこと。ただ、アイテムや素材が違うと、まったく同じ色というのはほとんどないので安心してください。

靴は、コンバースの白を選びました。**同色コーデのときは、小物は白、黒、茶色のベーシックカラーにすると失敗しません。**

このコーデの場合は、爽やかな雰囲気にしたかったので、黒ではなく白のスニーカーで爽やかさを壊さないようにしています。

白の同色コーデの小物は黒

blouse : THE SUIT COMPANY
pants : destyle（THE SUIT COMPANY）
hat : SORBATTI（Jines）
necklace : LOCATION
bangle : JUICY ROCK
bag : ZARA（own item）
shoes : Le Talon（own item）

続いて紹介するのは、白の同色コーデ。これはとくに真夏にぴったりな涼し気コーデです。

写真は白のとろみブラウスに、白のワイドパンツの「とろ×とろ」コーデ。白の同色と素材のやわらかさで、より涼しい組み合わせです。もちろん、このトップスとボトムは白Tシャツや白シャツ、ホワイトデニムに替えて応用できます。**小物は、黒にしましょう。**白だけだとさすがにボケてしまうので、黒でぴりっと引き締めます。

曖昧グレーは謎の色気が出る

ぜひ、もうひとつ覚えていただきたいのが、グレー系のコーデです。**グレーという曖昧な色だけに、やわらかく、謎めいたニュアンスが出ます。**

写真は、トップス、スカートの柄、バッグをグレーで統一しています。

このコーデのアクセサリーはすべてゴールド。ゴールドのアクセサリーと、淡いピンクのバッグと靴で、女性らしいやわらかい雰囲気を出しています。

blouse : Blu e Grigio
skirt : GOUT COMMUN
sunglasses : LOZZa
pierce : JUICY ROCK
bangle : JUICY ROCK
bag : Mystrada
pumps : REZOY

夏を盛り上げるトリコロールカラー

tops : Gap
pants : Gap
hat : eleonorabarzan（MOON BAT）
necklace : LEPSIM（own item）
pierce : JUICY ROCK
bangle : JUICY ROCK
shoes : GU（own item）
bag : ZARA（own item）

夏におすすめの、赤、白、青を組み合わせる「トリコロール」のコーディネートです。フランス国旗の3色がトリコロールの起源。これを着こなせると、やっぱり、フランスの女の子みたいにおしゃれな雰囲気になります。

大人の女性がこのトリコロールコーディネートをするときは、青を紺に置き換えると子どもっぽくなりません。今回は、ボーダーのトップスが紺色です。

そして、赤の分量を多くしないことも、フレンチシックに見せるポイントです。今回のように、靴だけが赤だったり、バッグだけが赤だったり、とにかく赤は「1点のみ」。ほかの項目でも書きましたが、赤を入れるときは1点だけにしましょう。そうすることで、元気なイメージのトリコロールを、少しシックに見せることができます。

トリコロールコーデでは、白と赤は、にごりのない色を使うのがポイントです。ベージュではトリコロール感が減りますし、赤も、オレンジやピンクっぽかったりすると、やはり爽やかさが半減します。ぱきっとした赤を使って、夏らしく爽やかに見せてください。

「小物に黒散りばめ」大作戦

knit : Gap
pants : Gap
glasses : ViKTOR & ROLF（own item）
pierce : Three Four Time
black leather bangle : JUICY ROCK
gold bangle : LOCATION
sneakers : NIKE（own item）
bag : ZARA（own item）

これまでも何度も出てきた「小物に黒を散りばめ」るワザです。コーディネートを淡い色でつくった場合に、小物に黒を使うことで引き締める効果があります。しかも、黒はクールな性格を持っているので、大人の雰囲気も同時に出せます。

誰でも簡単にできるのが、「小物に黒散りばめ」作戦。とにかく小物を黒で統一すると、それだけで突然おしゃれに見えるから不思議です。

ポイントは、ひとつひとつの黒の面積を少なくして、いろんな場所に散りばめること。

例えば、右のページのコーディネートは、クラッチバッグやスニーカーだけではなく、メガネやバングルにも黒を散りばめています。ベージュのニットと白のパンツだけではふわっとボケた印象になってしまうコーディネートが、この「黒散りばめ」作戦によって、きりっと引き締まります。

合わせる小物に迷ったら、とりあえず「黒散りばめ作戦」です。黒のバッグや靴、メガネやハット（黒のラインが入っているもの）などを集めて、「困ったときの黒セット」をつくっておくといいですよ。

合わせにくい色というのは、実はない

blouse : TITE IN THE STORE
skirt : Littlechic（THE SUIT COMPANY）
sunglasses : Mystrada
necklace : LEPSIM（own item）
bangle : JUICY ROCK
sandals : Khaju（own item）
bag : 3.1Phillip Lim（own item）

「この色とこの色は合わない」。そんな先入観は一度捨ててみましょう。**実は、世の中には合わない組み合わせの色というのは、ほとんどありません。**

というのも、その2色だけでは確かに相性がよくないように思えても、もう1色プラスすることによって、その色がつなぎの役割を果たしてまとまるからです。コーディネートの腕の見せどころですね。

つなぎで入れるといい色は、黒、白、ベージュ、ゴールド、シルバーです。

shirt : Gap
tank top : PLST
(own item)
pants : Mystrada
glasses : LOZZa
necklace :
LOCATION
bangle : JUICY
ROCK
shoes : GU
bag : own item

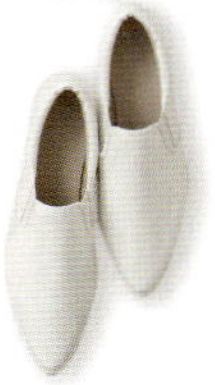

爽やかに、きれいめにまとめたいときは白やベージュ、ゴールドを。逆にクールやシャープにしたいときはシルバーや黒などを入れてください。例えば、右の写真のようにベージュとブルーは普通なら合わせない色かもしれません。しかしネックレスとバッグの金具にシャイニーなゴールドを入れることで、つながりがよくなります。

左側の、カーキとピンクの組合せもこの2色だけでは合わないかもしれませんが、ここに白のインナーや靴を投入することで、うまく調和して違和感がなくなります。

ニュアンスカラーのゆらぎは色っぽさにつながる

blouse : Blu e Grigio
pants : UNITED ARROWS（own item）
glasses : Mystrada
necklace : GU
pierce : GU
bangle : earth music&ecology red Label
bag : Maria La Rose（own item）
shoes : MANOLO BLAHNIK（own item）

ニュアンスカラーとは、はっきりと何色とはいえない色のこと。このどっちつかずな色合いは、子どもでは出せない年輪を感じさせます。大人だからこそ似合って着こなせるカラーです。

このトップスも、グレーのような、カーキのような、そんな曖昧な色のニュアンスカラー。**この「ゆらぎ感」が、白黒つけない感じでセクシーです。**それだけではなく、上品さややわらかい雰囲気も出るので、大人の女性であれば、積極的に取り入れたいところです。

ニュアンスカラーがとくに生きるのが、とろみ素材。どちらも、男性の服にはあまりない要素（曖昧さ×やわらかい素材）。単に、色っぽいだけではなく、どんな色にも合わせやすいという使いやすさも特徴です。

このトップスの場合、ゴールドやシルバーにも似合いますし、もちろん黒も合うし、白にも合う。ベージュやネイビーを合わせても素敵です。どっちつかずの色なので、相性のいい色がたくさんあるのです。

この何とも言い表せないカラーに厚みを感じます。ニュアンスカラーのコーデは、無限大です。

大人でも浮かないかわいさは、「キキララ」コーデをマスター

Jacket : Gap
t-shirt : Gap
pants : Mystrada
sunglasses : Mystrada
necklace : LEPSIM (own item)
pierce : JUICY ROCK
bag : Mystrada
pumps : FABIO RUSCONI (Essay)

blouse : THE SUIT COMPANY
pants : UNIQLO
stole : GU
necklace : JUICY ROCK
pierce : GU
bracelet : LOCATION
bag : ROSE BUD (own item)
pumps : Mystrada

「キキララ」とは、あのキャラクターのキキララです。優しいピンクか水色を使って全体をふんわりつくるコーデですが、この「永遠の女の子色」を使いこなしてみましょう。**キキララ色の「優しそう」「かわいい」を出しながらも、フリルやリボンがついていない、シンプルなアイテムを組み合わせてつくるので、絶対に幼くは見えない大人のコーデができあがります。**

208ページのコーデでは、薄いピンクのワイドパンツを主役にしました。全体をグレーやブルーデニムの淡い色のトーンでまとめています。そして、淡い色なので、もちろん靴は濃い色で引き締めます。

209ページのほうは、水色のストールと、パンプスの淡いピンクが中心です。それ以外は、主張しない白のTシャツとブルーデニムにしています。

大人のキキララコーデのコツはただ一点、やりすぎないこと。キキララ色は2アイテムまでにしてください。

「今日はキキララコーデ」という気分は、その日一日を楽しくしてくれますよ。

きちんとした服に問われるのがコーデ力。
形は真面目、色で遊ぶ

blouse : ZARA
skirt : Littlechic
(THE SUIT COMPANY)
pierce : GU
necklace : JUICY ROCK
bag : Three Four Time
pumps : REZOY

jacket : SPLENDINA（UNIVERSAL LANGUAGE）
blouse : THE SUIT COMPANY
pants : destyle（THE SUIT COMPANY）
scarf : Mystrada
bangle : earth music&ecology red Label
bag : DECORUS
shoes : PLST（own item）
brooch : COMME CA ISM

真面目な服を着て行かなければいけない、けれども地味になりすぎてしまうのはちょっと……という日。プレゼンやママ会、何かのセレモニーなど、そういうことってありませんか？　オフィシャル感を出しながらも、できればセンスよく見せることが自分のアピールにもつながるという曖昧な場のコーデって難しく感じますよね。

実は、これは形と色にそれぞれを担当させると簡単です。**「形」が「フォーマル」担当で、色や素材は「自分らしさ」担当。**形さえしっかりしていれば、色や素材で遊んでも全体の印象はフォーマルになります。

例えば、211ページであれば、長袖のブラウスにAラインスカート。この安定感のある形であれば、色がはっきりしていても、きちんとした場に合います。

212ページであれば、ジャケットや靴の形をきっちりさせて、素材感がてろっとしたブラウスとパンツで遊んでいます。モノトーンでまとめたコーディネートなので、差し色としてバッグはピンクにしました。

大人が色も形も「きちんと服」にしてしまうと、リクルートスーツのようにかちかちになってしまいます。そうならないポイントは「形がきれいなもの」を選ぶことです。覚えておくと便利ですよ。

お客さまのショッピング同行でいちばんお連れするショップ、それがGUです。個人的にも大好きです。

GUの魅力はたくさんあるのですが、まずは値段が破格だということ。しかも、国産ブランドらしく、素材も縫製もしっかりしています。

でも、いちばんの魅力は、何よりもトレンドを取りもらすことなく追っていること。今年っぽいものがほしいと思ったら、頭のてっぺんから足の先まで、GUに行けばすべてそろいます。服はもちろんのこと、帽子や靴、バッグにメガネとどのアイテムも使い勝手がいいのです。**つまり、安く、物もよく、トレンドもおさえているというアいいことづくめのブランドです。**

例えば、お客さまと一緒に買い物に行ったなら、帽子を全色買いそろえたりできます。普通ならなかなかできませんが、ひとつ500円ちょっとだったりするので、こういうことができるのです。小物を色違いで持っていると、コーディネートで色に迷ったとき、大きな差になったりします。そのほかに、服でも自分に似合うアイテムを見つけたら、ぜひ色違いをGUで買いそろえてみてください。

ときどき、「GUって、若い人たちのブランドではないんですか？」と聞かれることもあるのですが、GUでの買い物のポイントは、大人も着られるようなシンプルなものを選ぶこと。プリントものよりは、無地のアイテムを選ぶと、より「使える率」があがります。

余談ですが、メンズのアイテムもおしゃれです。男性もので女性が使えるリュックなどもあります。ぜひチェックしてください。

Brand column
[**GU**]

一軒で変身するならGU

スポーツウェアやヨガウェアを、私はフォーエバー21で買います。

フォーエバーといえば、ちょっと派手めな服が多いという印象があるかもしれません。しかし、とくにスポーツウェアはプレーンでおしゃれな形のものが多くてお買い得です。洗い替え用に何枚か持ちたいけれど、専門ショップに行くと高くついてしまいそうなとき、私はのぞいてみることにしています。

フォーエバーのウェアは、シンプルで、色もきれい。色違いでたくさん持っていたいと思わせてくれます。素材もよく、プチプラとは思えない着心地です。

そして、もうひとつおすすめなのが、アンダーウェア。ヴィクトリアズ・シークレットのような、ちょっとセクシーなデザインの下着が、フォーエバーだったらとても安く買えます。

自分用にするものいいけれど、友達へのちょっとしたプレゼントにもいいお値段。「フォーエバーで買ったんだよ」と言うと、私もよく友人に驚かれます。

ここでは紹介しませんでしたが、タンクトップやキャミソールもカラーバリエーションが豊富で掘り出し物が見つかります。変にレースがついていたりせず、シンプルで形がきれいなので、インナーにも使いやすいです。

Brand column
[FOREVER 21]

フォーエバー21は、スポーツウェアと下着に掘り出し物

海も山も、イベントにはメタリックなものを入れる

cardigan : LANDS' END
t-shirt : Gap
tank top : PLST (own item)
pants : UNIQLO
hat : Gap
necklace : GU
pierce : JUICY ROCK
bangle : GU
bag : L.L.Bean
sandal : Gap

街を離れ、一日遊びに出かける日は、そのイベントにとことん合ったコーデをしましょう。普段のカジュアルコーデには「どこかにきれいめをミックス」してほしいと言っていますが、イベントの日だけは、全身カジュアルがかわいいです。

上は海に行くときのマリンコーデ。**ここでのおすすめは、ゴールドのビーチサンダルです。**ゴールドのビーチサンダルは、カジュアルなのにきれいに見えるアイテムなので、私は必ず旅先にも持っていきます。レストランな

shirt dress : AMERICAN HOLIC
tank top : PLST（own item）
pants : Gap
stole : COMME CA ISM
bag : GU
sneakers : GU

どに急に入ることになったときも、これなら入れる場合があるくらいです。

山でのイベント、例えばハイキングやフェスなどでは、おしゃれが難しいもの。必要な装備が多く、どうしても「本気っぽく」ならざるを得ません。**だから、ここで気にしてほしいのは靴だけ。**この靴をやはりシルバーにするだけで、全身のコーディネートが重たくなりません。

また、海はボーダー柄、山はチェック柄など、何となくその場所をイメージするアイテムをどこかに入れると、リンクしておしゃれに見えますよ。

パーティはワンピースを着ないと決めるだけ

jacket : SPLENDINA（UNIVERSAL LANGUAGE）
blouse : THE SUIT COMPANY
pants : UNIQLO
pierce : own item
necklace : LEPSIM（own item）
bracelet : LOCATION
bag : CHANEL（own item）
pumps : ZARA（own item）

blouse : TITE IN THE STORE
skirt : H&M（own item）
pierce : H&M（own item）
bangle : JUICY ROCK
bag : Maria La Rose（own item）
shoes : MANOLO BLAHNIK（own item）

blouse : ZARA
pants : UNITED ARROWS (own item)
necklace : JUICY ROCK
pierce : LOCATION
bracelet : LOCATION
bag : Mystrada
pumps : R&E

blouse : ZARA
skirt : Mystrada
pierce : H&M (own item)
bangle : JUICY ROCK
bag : Lapuis (Casselini)
sandals : TOPSHOP (own item)

結婚式の二次会や、会社の祝賀会など、パーティの日のコーディネートは、「ワンピースはできるだけ着ない」「セットアップのスーツを着ない」と決めるだけで、もう人とは違うおしゃれ感を出すことができます。

ワンピースを着ないと決めたら、重要になってくるのがとろみトップス。普段着ているとろみトップスを、このような特別な日に着ていきましょう。

とろみトップスさえ着れば、「パーティ感」を出すために必要なのは、あとは小物のみ。具体的には、バッグをクラッチやチェーンバッグなど、アクセサリー感覚で使えるものにし、靴はヒールにします。そして、アクセサリーを普段よりも大きなものにチェンジ。これだけで、パーティにまで行けるコーディネートができあがります。

まず、220ページのいちばん最初のコーデでは、ベージュのとろみトップスに、セクシーさを出すペンシルスカートを合わせました。シンプルでシックな組み合わせなので、ビジューのイヤリングや、きらきら感のあるクラッチバッグで、特別な日の雰囲気が出ます。

2番目のコーデではブルーデニムを合わせました。パーティにデニム？　と思われるかもしれませんが、**デニム以外のすべてのアイテムをきれいめにしたら、むしろたくさんの人の印象に残る上級者のパーティスタイルになります。**バッグはシャネルを合わせましたが、このようにハイプライスなものと、ロープライスなものを掛け合わせるのも、おしゃれ上手に見える秘訣です。

221ページの右のコーデは、華やかなスカートを主役にして、トップスと靴はブラックでクールに引き締めました。**全体にモノトーンに近い組み合わせなので、バッグはビビッドな朱赤のクラッチで差し色に。**この赤が入ることで、一気に印象が華やぎます。

最後のコーデは、スタイリッシュな印象です。幾何学《きかがく》模様のとろみブラウスにテーパードパンツというごくシンプルな組み合わせですが、白のピンヒールパンプスを合わせてチェーンバッグを持っただけで、高級感が増します。セレブがそのあたりにあるものをさっと着て出てきたような、大人の余裕を感じさせます。

真夏の暑すぎる日に おしゃれに見せるワザ

shirt : Gap
t-shirt : Gap
pants : Gap
hat : hatattack (own item)
sunglasses : LOZZa
pierce : JUICY ROCK
bangle : JUICY ROCK
bag : apart by lowrys (own item)
sandals : CARMEN SALAS (WASH)

夏の服をおしゃれに見せるには、はおりや小物を入れることに尽きます。とくに夏は、トップス1枚、ボトム1枚だけを着る「ワンツーコーデ」になりがちで、

それだと地味に見えます。これを防ぐために必要なのが、小物です。

例えば上のコーデだと、何気ない服の組み合わせに、腰にシャツを巻いたり、ハットやアクセサリーを忘れないことが大事です。

また、左のコーデも、アクセサリーがポイント。これは、小物をオンしている

blouse : THE SUIT COMPANY
skirt : GOUT COMMUN
necklace : RADA (Jines)
bangle : JUICY ROCK
bag : Three Four Time
pumps : REZOY

のもそうですが、その小物類の色をシルバーでそろえており、こうすることで、爽やかさが出ます。**小物を忘れなければ、夏の間コーデに迷うことはありません。**

それから、もうひとつ暑い日に知っておくといいテクニックがあります。それは、メタリックカラーを使うことです。ゴールドのサンダルはひとつあると、夏じゅうどんな場でも大活躍です。また、左側のようなシルバーの靴も、コーディネートに抜け感が生まれて涼しげに見えますよ。

雨の日にとても使えるおじ靴

Umbrella in check

vest : GU
shirt : 無印良品（own item）
pants : UNIQLO
necklace : JUICY ROCK
bracelet : Three Four Time
bag : LANDS' END
shoes : Le Talon（own item）
umbrella : MACKINTOSH PHILOSOPHY（MOON BAT）

Umbrella in lines

hoodie : GU
dress : Gap
glasses : ViKTOR & ROLF（own item）
pierce : own item
bracelet : LOCATION
bag : Casselini
rainboots : WASHINGTON（銀座ワシントン銀座本店）
umbrella : CARVEN（MOON BAT）

傘はカラフルなものがおすすめ。数色入っているタイプやチェック、単色もOKです。雨の日はどうしてもコーディネートが暗い色になりがちなので、傘が差し色になり、全体が明るく見えます。

Umbrella
in lines

Umbrella
in check

困る「雨の日」のコーディネートは、まず靴から決めましょう。188ページでもお話したように、「主役」を決めてからコーデを考えると、その日に合ったコーデができます。**雨の日の主役は靴にするのがいちばんです。**

まずは雨の日に履ける靴を手に入れておきます。持っておくといいのは、レインブーツか、おじ靴の2択。「レインブーツはわかるけど、おじ靴ですか?」とお客さまにも言われるのですが、**おじ靴はエナメル素材のものを選んでおけば、豪雨などでない限り履けます。**とくに、昼から雨があがると分かっている日はおすすめです。

レインブーツを選ぶときの基準は、あまりゴツくないもの。写真のような、細身でスマートなタイプを選びましょう。

旅行の服は、楽しい想像をすればするほどいい

cardigan : LANDS' END
dress : Gap
shirt : Gap
t-shirt : AMERICAN HOLIC
short pants : Gap
pants : Gap
sunglasses : Casselini
hat : hatattack (own item)
stole : Gap
chain bag : ZARA (own item)
tote bag : L.L.Bean
sneakers : CONVERSE (own item)
sandal : Gap
sandals : MOUSSY (own item)
swimwear : VICTORIA'S SECRET (own item)

旅行に持っていく服って悩みますよね。動きやすい服を着たいし、いいレストランに入るかもしれないし、寒暖の差も心配だし、でも荷物は増やしたくない。たった数日で、こんなにシチュエーションが変わることって、そんなにありません。

ここまで本を読まれた方は、服を選ぶのはきっと簡単です。フライト中はリラックスしたい、ビーチや街で楽しみたい……。**楽しい旅行を想像して、そのシーンにぴったりな服から組み立てましょう。**もちろん、シンプルな服を持っていってください。コーデが無限になります。これから紹介するコーデも、この本に何度も登場している服ばかり。新しく投入したのは、デニムのショートパンツと水着だけです。

pierce : JUICY ROCK
necklace : earth music & ecology red Label
pearl necklace : JUICY ROCK
bangle : JUICY ROCK

旅行には、服は少なく、小物を多く

shirt : Gap
t-shirt : AMERICAN HOLIC
pants : Gap
hat : hatattack（own item）
necklace : earth
music&ecology red Label
bag : ZARA（own item）
sneakers : CONVERSE（own item）

cardigan : LANDS' END
dress : Gap
stole : Gap
pierce : JUICY ROCK
bangle : JUICY ROCK
sneakers : CONVERSE（own item）
bag : L.L.Bean

まず前ページの持っていくものを見て、バッグと靴が多いと思われた人もいるかもしれません。

バッグは機内に持ち込んだり、雑に使える大きめのトートバッグと、もうひとつは、街歩きなどに貴重品だけを持ち歩くチェーンバッグとを2つ。靴は、歩きやすいスニーカーと、ヒールのあるビビッドな色のサンダル、それにビーチサンダルも持って行きましょう。「3足も持っていくの?」と思わずに! 持っていくと使えますよ。

そう、旅行のポイントは「小物」です。 小物に何を持っていくかが決め手となります。ハットとストールは日焼け防止&冷房対策に。アクセサリーは普段よりも大きめのものが、旅行先で気分があがります。とくにターコイズがついたものは、リゾート感を高めてくれます。

例えば、右のコーデは機内での服。楽なワンピにカーデをはおって冷房対策をし、さらに寒かったときのために、ストールも持参します。数色混ざったニュアンスカラーのストールは、色合わせしやすいのがポイントです。カーデは暑くなったら肩などにかけて差し色としても使えます。

2番目は街歩きのためのカジュアルコーデです。白の同色コーデですが、白のボトムはきれいめに見えるので、とくに旅行にはブルーデニムよりもおすすめです。

サンダルひとつで、旅行中気後れしない

dress : Gap
necklace : JUICY ROCK
bangle : JUICY ROCK
bag : ZARA (own item)
sandals : MOUSSY (own item)

t-shirt : AMERICAN HOLIC
short pants : Gap
sunglasses : Casselini
stole : Gap
pierce : JUICY ROCK
bag : L.L.Bean
sandals : Gap
swimwear : VICTORIA'S SECRET (own item)

右のコーデは、海やプールなどでのリゾート気分コーデです。足元はもちろんビーチサンダルで、服の下に水着を着ているイメージです。砂などがついても気にならないトートは、ここでも雑に扱いましょう。

コーデにショートパンツが入っています。基本的に、私は大人に膝を出すアイテムはおすすめしないのですが、リゾートだけは別。**優先するべきはその場をいちばん楽しむことです。**ぜひビーチでは思いきり脚を出してください。また、サングラスやストールは、日焼けを防いだり、寒さ、暑さ対策に。もちろんおしゃれにも見えて一石二鳥です。

そして、おしゃれしてディナーに行くときは、再びワンピースの出番です。前項でお伝えした通り、パーティシーンは潔く！　1枚でさらりと着て、ドレスアップしましょう。アクセサリーも忘れずに。

ここで活躍してくれるのが、真っ赤なサンダルです。ヒールの高いきれいめのサンダルを履いているだけで、どんなレストランでも気後れせずに楽しめますよ。

インナーとして何かと使えるのがリブ素材のタンクトップ。**どこのブランドのものが好きかと聞かれたら、私はプラステのリブタンクをいちおしします。**

「リブ」とは、伸縮するために縦に入っている筋のことですが、プラステは、このリブの幅が広すぎず狭すぎずで、着心地がよく、素材も厚すぎないのにしっかりしていて、襟のあき具合も広すぎず狭すぎず、何もかもが「ちょうどいい」のです。

普通、リブタンクは洗濯を繰り返すうちにだんだん襟もとがよれて広がってくるのですが、プラステのものはそれがなく、長持ちすると感じます。ちなみに、私の実感ではリブタンクは、あまり高い安いに関係なくよれるような気がしています。

シャツの襟元からちらっと見えるタンクトップがよれていると、突然みすぼらしい雰囲気になります。とくに、白のリブタンクはその差がよくわかってしまうので注意しましょう。

大人の女性こそ、ちらりとしか見えない、そういった場所に意識を払いたいものです。

基本はグレーが使いやすいですが、ここで紹介するようなピンクやボーダーは、元気さを出したいときに差し色として使いましょう。Tシャツの下でわざと色を透けさせたり、シャツワンピやGジャンのインナーとして白いタンクトップをチラ見せすると、ヘルシーなおしゃれ感を出すことができます。

Brand column
[PLST]

タンクトップは
プラステがおすすめ

Item index

白ニット：GU
P34、P58、P60、
P140

黒ブラウス：ZARA
P42、P46、P94、
P221

グレーTシャツ：Gap
P36、P40、P61、
P72、P102、P104、
P208、P218、P224

白シャツ：GU
P20、P22、P24、
P61、P66、P73、
P140

ピンクニット：GU
P 28、P58、P61、
P102、P114、P136

柄ブラウス：ZARA
P42、P44、P132、
P211、P221

プリントブラウス：
Three Four Time
P42、P44、P110、
P120

ストライプシャツ：無印良品
P26、P28、P30、
P40、P60、P111、
P144、P196、P226

赤ベスト：GU
P64、P66、P86、
P116、P134、P226

ベージュニット：Gap
P52、P54、P55、
P202

白ブラウス：THE SUIT COMPANY
P42、P46、P198、
P209、P212、P220、
P225

カーキシャツ：Gap
P32、P34、P96、
P108、P114、P205、
P224、P228、P230

ボーダートップス：
ZARA
P22、P68、P70、
P71、P100、P128

ネイビーニット：
LANDS' END
P58、P62、P100

ベージュブラウス：
TITE IN THE STORE
P42、P44、P84、
P94、P104、P194、
P204、P220

白Tシャツ：
AMERICAN HOLIC
P30、P36、P38、
P96、P136、P228、
P230、P232

スカート：Mystrada
P24、P28、P34、P46、P54、P66、P71、P98、P102、P221

白パンツ：Gap
P30、P44、P90、P134、P140、P194、P200、P202、P219、P224、P228、P230

ネイビージャケット：
SPLENDINA
(UNIVERSAL LANGUAGE)
P22、P66、P70、P74、P114、P212、P220

ボーダートップス：
H&M
P68、P72

青スカート：
Littlechic(THE SUIT COMPANY)
P22、P40、P44、P72、P98、P100、P196、P204、P211

ピンストライプパンツ：
destyle(THE SUIT COMPANY)
P61、P66、P92、P96、P198、P212

イエローカーデ：
LANDS' END
P38、P62、P74、P96、P102、P110、P116、P218、P228、P230

ボーダートップス：Gap
P68、P73、P134、P200

黒スカート：H&M
P46、P54、P61、P62、P66、P72、P106、P108、P110、P111、P122、P144、P220

ピンクパンツ：Mystrada
P22、P46、P62、P70、P92、P94、P205、P208

グレージュブラウス：
Blu e Grigio
P42、P46、P199、P206

G ジャン：Gap
P40、P46、P54、P74、P86、P94、P104、P196、P208

黒ワンピース：Gap
P30、P112、P114、P116、P226、P228、P230、P232

ゼブラ柄スカート：
GOUT COMMUN
P38、P60、P98、P104、P199、P225

黒パンツ：UNITED ARROWS
P28、P34、P40、P55、P60、P82、P84、P86、P132、P206、P221

グレーパーカー：GU
P24、P38、P44、P55、P74、P100、P111、P226

デニムシャツワンピース：AMERICAN HOLIC
P118、P120、P122、P132、P219

デニムパンツ：UNIQLO
P24、P38、P44、P55、P73、P88、P120、P128、P136、P209、P218、P220、P226

Shop List

earth music&ecology super premium store 東京ソラマチ　TEL: 03-5637-8343
earth music&ecology red store 新宿　TEL: 03-3349-5676
R&E　TEL: 03-3477-5016
AMERICAN HOLIC プレスルーム TEL: 0120-806-008
Essay ルミネ大宮店，（CORSO ROMA 9），（FABIO RUSCONI）TEL: 048-645-3280
WASH たまプラーザ テラス店 TEL: 045-904-3821
L.L.Bean カスタマーサービスセンター　TEL: 0120-81-2200
キャセリーニ（Casselini）　TEL: 03-3475-0225
Gap フラッグシップ原宿　TEL: 03-5786-9200
銀座ワシントン銀座本店（WASHINGTON）TEL: 03-5442-6162
グランカスケードインク（GOUT COMMUN）　TEL: 03-5457-7551
ザ・スーツカンパニー 銀座本店　TEL: 03-3562-7637
ZARA JAPAN カスタマーサービス　TEL: 03-6415-8061
GU　TEL: 0120-856-453
ジオン商事（TITE IN THE STORE），（Three Four Time）TEL: 03-5792-8003
JUICY ROCK URL:http://www.juicyrock.co.jp
Jines アトレ川崎店 TEL: 044-201-2108
ダブルエー（オリエンタルトラフィック）TEL: 0120-575-393
株式会社デコラス　TEL: 052-201-5212
デリーゴジャパン株式会社（LOZZa）TEL: 03-6661-9266
Due passi per wash ルミネ横浜店（OROBIANCO）TEL: 045-451-0821
Tocador アクアシティお台場店 TEL: 03-5564-0080
ファイブフォックス カスタマーサービス（COMME CA ISM）　TEL:0120-114-563
ブルー エ グリージオ バイ ユニバーサルランゲージ たまプラーザ テラス店（Blu e Grigio）
TEL: 045-905-1861
Passage mignon　TEL: 03-6324-2642
PEACH JOHN TEL: 0120-066-107
ムーンバット株式会社（Chloe.CARVEN.MACKINTOSH PHILOSOPHY）TEL: 03-3556-6810
マイストラーダ プレスルーム　TEL: 03-6894-8612
UNIQLO　TEL: 0120-090-296
ユニバーサルランゲージ ラゾーナ川崎店　TEL: 044-541-7030
日本ランズエンド株式会社（LANDS' END）TEL: 0120-554-774
REZOY　TEL: 03-3477-5055
LOCATION　TEL: 03-6324-2642

Staff List

写真

中村彰男／人物写真

石澤義人／静物写真

アートディレクション

加藤京子（sidekick）

デザイン

我妻美幸（sidekick）

制作協力

佐藤友美

編集

中野亜海（ダイヤモンド社）

［著者］
山本あきこ（やまもと・あきこ）
スタイリスト。1978年生まれ。
女性誌や広告など多くのスタイリングを手がけながら、「女性にとても大切な外見力をあげるため、服の買い方や見せ方を、一般の人でもプロのスタイリストに気軽に相談できる場をつくりたい」と、2013年より毎月個人向けのパーソナルスタイリングや、スタイリングを教える講座など行う。それ以来、予約開始と同時に申し込みが殺到する「予約の取れない」スタイリストに。

ママ雑誌やぽっちゃりさん向けの雑誌、OL向けの雑誌など、あらゆる年齢や体型などにスポットをあてた媒体で、モデルだけではない様々な人たちに似合うスタイリングに定評がある。多くの経験に基づくルールを持ち、シンプルな洋服を主体に、小物で味つけしたスタイリングで、瞬く間にその人本来の魅力を引き出すファッションを得意とする。今までつくってきたコーディネート数は15万を超える。

スタイリングを受けると「朝、服に悩む時間が減った」「やせた？　と言われた」「結婚がきまった」「仕事で昇格した」という女性が続出中。処女作の『いつもの服をそのまま着ているだけなのに、なぜだかおしゃれに見える』（ダイヤモンド社）はベストセラーとなる。

【Rocco style.】http://www.rocco-style.com/

毎朝、服に迷わない

2016年4月14日　第1刷発行

著　者——— 山本あきこ
発行所——— ダイヤモンド社
〒150-8409　東京都渋谷区神宮前6-12-17
http://www.diamond.co.jp/
電話／03·5778·7234（編集）　03·5778·7240（販売）

アートディレクション — 加藤京子(sidekick)
デザイン ——— 我妻美幸(sidekick)
写真(人物)——— 中村彰男
写真(静物)——— 石澤義人
校正——— 浅田佐和子
DTP ——— ニッタプリントサービス
製作進行——— ダイヤモンド・グラフィック社
印刷——— 加藤文明社
製本——— ブックアート
編集協力——— 佐藤友美
編集担当——— 中野亜海

ISBN 978-4-478-06912-7